RIGGING EM ANIMAÇÃO DIGITAL

❋ Os livros dedicados à área de Design têm projetos que reproduzem o visual de movimentos históricos. Neste módulo, as aberturas de partes e capítulos fazem referência aos letreiros do cinema mudo e às aberturas e aos encerramentos dos desenhos animados que lotaram as salas de exibição na primeira metade do século XX.

RIGGING EM ANIMAÇÃO DIGITAL

Leandro da Conceição Cardoso

inter
saberes

inter saberes

Rua Clara Vendramin, 58 . Mossunguê . CEP 81200-170 . Curitiba . PR . Brasil
Fone: (41) 2106-4170 . www.intersaberes.com . editora@intersaberes.com

Conselho editorial
Dr. Alexandre Coutinho Pagliarini
Dr.ª Elena Godoy
Dr. Neri dos Santos
Dr. Ulf Gregor Baranow

Editora-chefe
Lindsay Azambuja

Gerente editorial
Ariadne Nunes Wenger

Assistente editorial
Daniela Viroli Pereira Pinto

Preparação de originais
Monique Francis Fagundes Gonçalves

Edição de texto
Letra & Língua Ltda. – ME

Capa
Charles L. da Silva (*design*)
Krasovski Dmitri/Shutterstock (imagem)

Projeto gráfico
Bruno Palma e Silva

Diagramação
Carolina Perazzoli

***Designer* responsável**
Charles L. da Silva

Iconografia
Regina Claudia Cruz Prestes

Dados Internacionais de Catalogação na Publicação (CIP)
(Câmara Brasileira do Livro, SP, Brasil)

Cardoso, Leandro da Conceição
    Rigging em animação digital / Leandro da Conceição Cardoso. -- Curitiba : Editora Intersaberes, 2022.

    Bibliografia.
    ISBN 978-65-5517-082-5

    1. Animação por computador 2. Computação gráfica I. Título.

22-122140   CDD-006.696

Índices para catálogo sistemático:
1. Animação por computador : Computação gráfica   006.696

Cibele Maria Dias - Bibliotecária - CRB-8/9427

1ª edição, 2022.
Foi feito o depósito legal.
Informamos que é de inteira responsabilidade do autor a emissão de conceitos.
Nenhuma parte desta publicação poderá ser reproduzida por qualquer meio ou forma sem a prévia autorização da Editora InterSaberes.
A violação dos direitos autorais é crime estabelecido na Lei n. 9.610/1998 e punido pelo art. 184 do Código Penal.

SUMÁRIO

Apresentação 8

1 **INTRODUÇÃO AO *RIGGING*** 14
 1.1 Implementação computacional e desenvolvimento criativo 19
 1.2 Abordagem e conceito 22
 1.3 Transformações orientadas 25
 1.4 Hastes e estruturas 31
 1.5 Associação do esqueleto à malha poligonal 41
 1.6 *Weight painting* 43
 1.7 Desenvolvimento de poses 47

2 ***SKINNING*** 52
 2.1 O *rigging* no *workflow* de animação 53
 2.2 Desenvolvimento do *skinning* 61
 2.3 Ajustes iniciais da malha poligonal 61
 2.4 Escultura digital 64
 2.5 Texturização e mapeamento por imagens 73
 2.6 Correção e ajustes no *skinning* 83

APRESENTAÇÃO

Esta obra foi desenvolvida para fornecer subsídios técnicos e teóricos para os artistas e desenvolvedores da animação digital, em especial para a animação em 3D, aquela desenvolvida a partir dos recursos estabelecidos pela computação gráfica para a modelagem de objetos em terceira dimensão.

O desenvolvimento da computação gráfica, especialmente a voltada para a indústria do entretenimento e do áudio visual, equilibra-se entre a fundamentação matemática e a aplicação artística, portanto, muitas vezes, sua vasta bibliografia especializada apresenta abordagens e métodos incompatíveis para grande parte de seu público.

Pensando nisso, ao organizarmos este livro, procuramos criar uma perspectiva para *designers* e animadores, apresentando conceitos fundamentais, baseados na longa tradição da animação, transpostos para os meios digitais. Os conceitos matemáticos, ainda presentes, serão apresentados a partir de exemplos práticos ou citados como referência.

A indústria já secular da animação fundamentou sua linguagem em procedimentos tradicionais de desenho, escultura, fotografia e cinema. A transcrição de suas técnicas para os meios digitais precisou levar em consideração e adaptar métodos e objetivos já amplamente consolidados, tanto na academia quanto na cultura.

Animadores, em geral, são artistas intuitivos, e o uso da computação gráfica difere bastante da abordagem de desenvolvedores e especialistas técnicos. Interfaces mais amigáveis e ferramentais acessíveis foram desenvolvidas, facilitando a produção de animações.

Dividido em muitas etapas, o *rigging* é uma das mais importantes técnicas na produção de uma animação. Concentra-se no desenvolvimento de técnicas de criação e controle das transformações e deformações dos personagens, gerando seus movimentos e, assim, permitindo a criação da animação. Parte do conjunto de técnicas e ferramentas desenvolvidas para a animação digital procura atender às particularidades do *rigging*, cujo significado remete justamente aos controles de uma marionete.

As técnicas que compõem o *rigging* são disponibilizadas pelos diversos *softwares* especializados em animação digital e modelagem 3D e, por isso, muitas vezes apresentam variações de apresentação, nomenclatura e desenvolvimento. Impossibilitados de cobrirmos todas as variáveis ou enfatizarmos um único *software*, procuramos abordar cada técnica a partir de sua perspectiva conceitual, concentrando-nos em seus fundamentos. Em última instância, recorremos ao Blender 3D, por ser tratar de um *software open source* e gratuito, para o desenvolvimento de exemplos e embasamento técnico.

Gorodenkoff/Shutterstock

CAPÍTULO 1

INTRODUÇÃO AO
RIGGING

A etapa de *rigging* é uma das mais importante na produção de uma animação. Após o *design* e a modelagem dos personagens e dos demais objetos de cena, é hora de criar os elementos que propiciam o desenvolvimento de belas sequências de movimento, atendendo aos objetivos traçados pela direção de arte e pelo *storyboard*.

Os diversos recursos à disposição do animador possibilitam o desenvolvimento dos mais variados tipos de movimentos, seja o funcionamento de um mecanismo (um guindaste a suspender uma viga, por exemplo), seja uma expressão exagerada de espanto (como os olhos que saltam para fora de suas órbitas) típica de um desenho animado.

Na etapa de *rigging*, os animadores aplicam as técnicas necessárias para garantir o detalhamento da animação descrito no roteiro.

> Pense em como você animaria um personagem. Você definitivamente não gostaria de mover cada vértice, quadro a quadro. Em vez disso, criaremos um esqueleto completo com ossos e, em seguida, moveremos os ossos para mover o personagem. Este processo é chamado de rigging. (Dale, 2006, p. 88, tradução nossa)

Desenvolver o *rigging* significa, portanto, criar elementos estruturais que orientarão o movimento dos personagens, influenciando sua malha poligonal e seu comportamento. A obtenção de animações fluidas e complexas depende, inteiramente, da qualidade e da atenção dadas à fase de *rigging* (personagens principais demandam estruturas mais complexas e detalhadas).

Com um bom *design* de modelo e um *rig* sólido, você está no caminho certo para criar um personagem memorável. Quando *rigger, designer*, animador e montador estão todos se comunicando sobre quais são as expectativas para o personagem, estabelece-se uma base sólida. [...] A relação entre animador, modelador e *rigger* em CG é o fator mais importante na criação de um *design* sólido. (Jones; Oliff, 2007, p. 92, tradução nossa)

O *rig* envolve, além de conhecimento técnico, planejamento, pesquisa e cuidado. O primeiro passo é planejar o tipo de movimento e o controle que se deseja alcançar. Nesse ponto, o estilo da animação e a direção de arte já devem estar bastante claros na mente do animador (e de toda a equipe):

- Animações mais realistas exigem pesquisa e observação de comportamentos e de movimentos – de como determinado mecanismo funciona ou de qual é a postura de tiro correta de um soldado de elite[1], por exemplo –; e a implementação de *rigs* que traduzam todo o realismo exigido.
- Animações mais estilizadas demandam mais criatividade e recursos de deformação de malha.
- Animações técnicas, voltadas para simulações e/ou para a visualização de instalações e de mecanismos, exigem um conhecimento aprofundado de seu funcionamento, mas, muitas vezes, exigem *rigs* mais simples e dispensam deformações de malha.

As técnicas à disposição do animador permitem a criação de poses e de *key frames*, agilizando a produção da animação, e, ao mesmo tempo, possibilitam uma abordagem mais intuitiva do

---

[1] Produções desse tipo costumam contar com a ajuda de consultores e especialistas que orientarão os animadores e os *riggers* no detalhamento da produção.

processo, deixando para a computação o papel de interpolar as posições intermediárias. Uma vez que um modelo seja adequadamente associado a uma estrutura de *rig*, pode ser distorcido e modificado à vontade pelo animador.

> *Keyframes* – literalmente, "quadros-chave" – são as posições principais dentro de uma sequência animada que determinam o início e o fim do movimento. Em um abrir de olhos, por exemplo, no primeiro quadro-chave, teríamos os olhos fechados e, alguns quadros à frente, um segundo quadro-chave com os olhos já abertos. Toda a interpolação – isto é, a criação dos quadros intermediários (*in-betweens*, no jargão da animação) entre os quadros-chave – das pálpebras é feita pelo programa de animação.

Figura 1.1 – **Keyframes**

Os principais programas de modelagem e de animação 3D disponíveis no mercado (3DMax, Maya, Blender etc.) têm uma seção totalmente voltada para o desenvolvimento do *rigging*, permitindo que os animadores tenham o controle de algoritmos complexos por meio de interfaces intuitivas e acessíveis. Essas seções agregam as principais ferramentas e soluções desenvolvidas nas últimas quatro décadas graças aos esforços de matemáticos, pesquisadores e artistas:

> um rig é como um fantoche que você usa para animar no computador. Animar em um computador pode ser muito parecido com um stop-motion porque um keyframe envolverá mover muitas partes do fantoche ou do rig. O rig deve ter o menor número de controles com maior poder e flexibilidade. Quando você manipula o controle do braço, você deve ser capaz de acessar a translação da mão, a rotação do pulso, os controles de dedo e polegar e talvez até mesmo uma torção do cotovelo. Simplicidade é a chave. Seu rig é seu personagem, no que diz respeito à capacidade de criar movimentos habilidosos. (Jones; Oliff, 2007, p. 92, tradução nossa)

> *Stop motion* é uma técnica de animação em que personagens moldados ou objetos reais têm seus movimentos capturados, quadro a quadro, por uma câmera fotográfica. É a popular "animação de massinha".

Com a consolidação do *rigging* na produção de animação digital, a abordagem de "desenho animado" (criação de movimento por meio de sobreposições de desenhos) é gradativamente substituída pela abordagem do *stop motion* (criação de movimento pelo reposicionamento de partes dos personagens), mesmo em produções em 2D. O *rigging* introduz um novo paradigma de produção para os animadores digitais.

1.1 Implementação computacional e desenvolvimento criativo

A implementação da técnica de *rigging* remonta à década de 1980, quando os desenvolvedores perceberam a necessidade de se criar soluções mais realistas e acessíveis para a crescente complexidade dos processos de animação por computador. Os desenvolvedores buscavam soluções que permitissem o desenvolvimento do movimento animado e que, paralelamente, controlassem a interferência e a deformação sofridas pela malha poligonal (*mesh*).

Havia uma atenção especial ao desenvolvimento e ao detalhamento de soluções voltadas à animação de personagens humanoides; mais especificamente, nas animações facial (simulação das expressões e da fala), corporal (balanço corporal, postura etc.) e manual. Portanto, era preciso desenvolver um processo que, ao mesmo tempo, fosse simples e traduzisse toda a complexidade de movimentos promovida por músculos e por ossos: "Toda geometria 3D que será animada precisa de algum tipo de sistema que forneça aos animadores o controle e a flexibilidade necessários para mover aquele objeto de alguma forma. Este sistema de controle é chamado de rig" (Beane, 2012, p. 177, tradução nossa).

O desenvolvimento do *rigging* atendeu a duas diretrizes das principais demandas criativas e comerciais da indústria do entretenimento e da animação:

1. Possibilitou a transição da animação tradicional, caracterizada por um estilo "cartunesco" estilizado (o tradicional desenho animado), para o ambiente da computação gráfica e

da produção digital. Os grandes estúdios de animação acumulavam décadas de experiência – a fundação dos estúdios Disney, por exemplo, remonta à década de 1920 – e uma expressiva presença de mercado. Era necessário que os desenvolvedores criassem soluções que garantissem a transição das técnicas tradicionais de animação e de seu estilo para o ambiente de produção digital.

2. Garantiu a simulação complexa de representações e detalhamentos mais realistas, próximos do fotorrealismo e do cinema, muito usados em CGI e em SFX. A partir dos anos 1990, a demanda por efeitos especiais digitais cresceu consideravelmente. Os desenvolvedores precisavam de soluções que atendessem à demanda de produtores e da audiência, exigentes por efeitos visuais exuberantes e realistas.

Diferentemente da situação do Brasil, alguns países, principalmente os Estados Unidos, têm uma sólida indústria de entretenimento, empregando uma quantidade significativa de profissionais e gerando somas expressivas de dinheiro. Nesse contexto, a demanda e o suporte para a pesquisa e para o desenvolvimento das técnicas de animação são bastante significativos.

> CGI (*computer-generated imagery*) significa, em português, "imagem gerada por computador".
>
> SFX se refere aos famosos efeitos especiais. Modelos gerados e animados por computador são muito comuns em produções de ficção científica, terror e fantasia, dispensando o desenvolvimento de próteses, de acessórios e de maquiagem artística.

Analisando em retrospecto, as grandes produções de animação em 3D (e os grandes estúdios), no decorrer dos últimos 30 anos, souberam equacionar essas duas linhas de demanda, desenvolvendo o estilo de produção que define o segmento atualmente. Obviamente, outros ramos da computação gráfica (e da tecnologia computacional como um todo) acompanharam essa tendência de mercado. Outros setores, como os de modelagem, de renderização e de sistemas de simulação, evoluíram no mesmo ritmo do *rigging* e da animação digital.

As diversas técnicas de modelagem e de distorção de malha à disposição dos animadores atendem, igualmente, às duas demandas: ao desenvolvimento de animações esteticamente mais próximas do estilo de animação clássico; e à possibilidade de se desenvolver *rigs* complexos, permitindo que os produtores mais voltados para a simulação realista alcancem seus objetivos.

Em razão de sua versatilidade, as técnicas de *rigging* estão disponíveis até mesmo para animadores 2D e para editores de vídeo. Técnicas de ancoragem; *motion path;* uso de *drivers* e de expressões matemáticas e *f-curves* para controle de interpolação são exemplos de *rigging* e permitem, entre outras funções, automações e rotinas, conexão de propriedades entre elementos diversos e alterações no ritmo e na velocidade dos movimentos. Acrescentar um grau de aleatoriedade ao movimento de um conjunto de folhas ao vento é um exemplo de uso nesse contexto.

A chamada *animação 2.5D* vem ganhando espaço atualmente. Esse termo é usado para produções e para jogos que assumem uma estética visual mais próxima à do 2D, mas que incorporam

Figura 1.2 – **Comparativo da complexidade do *rig* no rosto do modelo com a simplicidade do torso e dos membros**

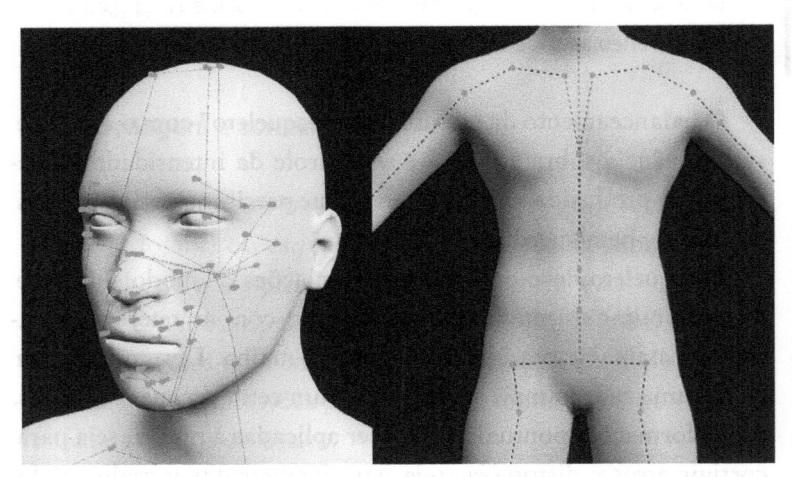

Objetos mecânicos também podem ser animados com as técnicas de *rigging*, e os mesmos princípios de síntese e de simplicidade devem ser observados. A inclusão de mecanismos complexos em um carro animado, por exemplo, é recomendada somente para quando há uma indicação no roteiro. Criar um *rig* para o girar das rodas e dos pneus e para o movimento das curvas é mais do que necessário para representar um carro em movimento, na maioria dos casos. A observação da interação entre as rodas e as irregularidades do terreno é mais importante do que o funcionamento do motor. No caso de um terreno acidentado, o *rigger* tem de criar a configuração necessária para representar o trepidar das rodas, o movimento dos amortecedores etc.

1.3 Transformações orientadas

As transformações orientadas representam o primeiro passo no desenvolvimento do *rigging*, visto que configuram recursos capazes de alterar e de orientar interpolações e movimentos mais simples, acrescentando complexidade ao resultado. Esses recursos – de ancoragem e de *parenting*, configurações na orientação de coordenadas, uso de curvas e de normais etc. – estão disponíveis nos principais *softwares* de modelagem e de animação 3D.

Antes de começarmos, devemos recapitular alguns conceitos básicos relacionados à modelagem 3D:

- Objetos (ou modelos) tridimensionais são formas vetoriais constituídas por vértices, por arestas e por faces (Blender Documentation Team, 2022). O conjunto de faces forma a malha poligonal (*poligonal mesh*).
- Cada modelo apresenta três propriedades fundamentais – (i) sua posição no espaço virtual tridimensional (definida pelas coordenadas x, y, z); (ii) sua escala (tamanho); e (iii) sua rotação (ou seja, a disposição de seus elementos em relação aos eixos que compõem o espaço tridimensional).

Figura 1.3 – **Elementos que compõem uma malha poligonal básica**

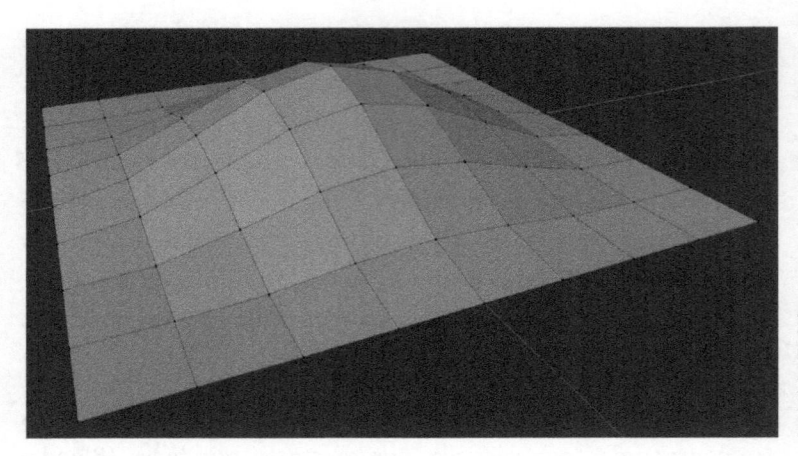

Leandro da Conceição Cardoso

As transformações básicas, portanto, são alterações dessas três propriedades fundamentais: a mudança na posição de um objeto, quando empregamos um movimento de translação; a alteração em sua escala, aumentando ou diminuindo seu tamanho; e a rotação de seus elementos, ao girarmos o objeto sobre seu eixo.

Para que as transformações façam algum sentido, é necessário que haja um elemento de referência matemática no processo, um elemento de ancoragem. Sua posição, por exemplo, está, inicialmente, relacionada às coordenadas e aos eixos que compõem o espaço virtual da cena (e um eventual ponto de origem em 0,0,0); e sua rotação ocorre em relação a um ponto externo à malha, um eixo ou um pivô. Em geral, o centro geométrico (ou origem) do objeto é o elemento de referência padrão para suas transformações: "Cada objeto tem um ponto de origem. A localização deste ponto determina onde o objeto está localizado no espaço 3D. A localização do ponto de origem é importante ao transladar, girar ou dimensionar um objeto" (Blender Documentation Team, 2022, tradução nossa).

1.3.1 Ponto de ancoragem

Um *rig* muito simples pode ser criado pela definição de um ponto de controle ou de referência no espaço (ancoragem) externo à malha para orientar suas transformações. Esse ponto pode ser outro elemento da cena – por exemplo, em uma animação sobre o sistema solar, o eixo de rotação do conjunto seria o centro do Sol, determinando a trajetória das órbitas dos planetas à sua volta) ou algum artifício oferecido pelo *software* utilizado.

> Em razão da importância do recurso, os principais programas de animação e de modelagem 3D oferecem opções para sua implementação. Em geral, são objetos especiais com valores nulos, servindo apenas para marcar um ponto no espaço e para funcionar como ponto de ancoragem. Ainda assim, podem ser movidos e girados, provocando mudanças em um objeto associado.

No exemplo a seguir, o *gizmo* foi posicionado no encaixe das duas peças (realçado em branco), funcionando como eixo para a rotação da peça verde. Isso permite girá-la para cima e para baixo, sem que se perca o encaixe com a peça rosa. Ao estabelecermos um *keyframe* para a posição "A" e um segundo para a posição "B" (digamos, uns dez frames à frente), o conjunto será animado.

Figura 1.5 – **Simulação do quicar de uma bola**

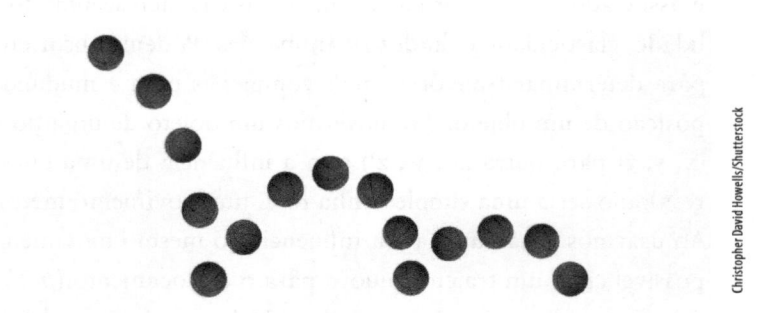

Curvas podem orientar a extrusão de objetos e serem empregadas como controladores de malha, permitindo a criação de deformações, conforme veremos mais adiante.

Transformações orientadas que empregam elementos externos como controladores são um bom começo para entendermos o processo de *rigging*, mas são recursos simples e limitados e se mostrariam inadequadas para animações mais complexas. No exemplo do sistema solar, o posicionamento do eixo de rotação no centro do Sol resolve apenas a trajetória orbital dos planetas. A relação orbital entre planeta e Lua demandaria uma solução mais elaborada: criar um *clip* (uma subanimação), tendo o planeta como eixo de rotação para o satélite, por exemplo; e subordinar esse conjunto ao eixo de rotação Sol.[2] Mesmo o uso de curvas, muitas vezes, exige um controle um pouco mais refinado do processo, seja para garantir a correção da rota e a direção do objeto em relação à curva, seja para evitar distorções na malha poligonal.

---

2   O uso de *constraints* ou *parentings* seria uma solução mais elegante para o conjunto. Abordaremos sua aplicação adiante.

Figura 1.6 – **Órbitas do sistema solar**

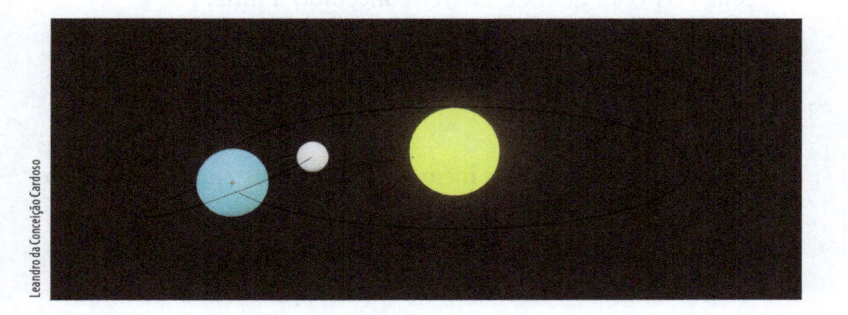

Leandro da Conceição Cardoso

1.4 Hastes e estruturas

Para movimentos mais complexos, os diversos programas de modelagem e de animação em 3D oferecem soluções de hastes, de esqueletos e de estruturas semelhantes para orientar seu desenvolvimento (reunidos na seção *"rigging"*). São objetos vetoriais com qualidades e com características próprias orientados para interagir com a malha associada. Um "osso", ou um segmento, é a menor parte da estrutura de *rigging*. O encontro de dois segmentos forma uma junta flexível (junção), e o conjunto costuma ser definido como *framework* ou esqueleto. A configuração do conjunto determinará sua hierarquia e seu funcionamento.

Um "osso" tem duas funções no processo de *rigging*, quais sejam:

- deformar a malha poligonal ou parte dela (um conjunto de seus vértices), quando estiver conectado a uma;
- funcionar como haste de controle, influenciando a mecânica do *rig* e orientando suas transformações, quando estiver associado a outros "ossos".

É preciso observar que a introdução de um sistema de esqueleto não substitui o uso de elementos de ancoragem, de *constrains* e de curvas. Ao contrário, para o desenvolvimento de um *rig* funcional, veremos que a combinação dos diversos dispositivos de controle é o segredo para o sucesso do método.

1.4.1 Composição do "osso"

A estrutura de uma haste ou "osso" é composta por três elementos básicos: (i) uma junta inicial denominada *root* (raiz) ou *head* (cabeça); (ii) o corpo da haste (*body*); e (iii) uma junta final denominada *tip* (ponteira) ou *tail* (calda).

Figura 1.7 – **Estrutura básica de uma haste ou "osso"**

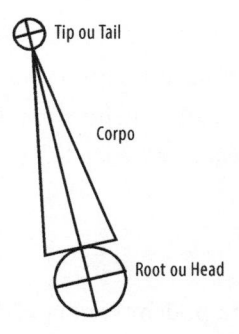

Tip ou Tail

Corpo

Root ou Head

A representação gráfica da haste varia de programa para programa. Inclusive, em um mesmo programa, o animador encontra opções de representação, que vão desde um simples aramado até cubos vetoriais, hastes cilíndricas etc. A representação do exemplo anterior é recorrente e aceita. Como qualquer outro modelo 3D, as hastes têm um ponto de origem, o que permite que sejam localizadas no sistema de coordenadas e, consequentemente, que possam sofrer transformações – mudanças de posição (translação), mudanças de comprimento (escala) e rotações. O comprimento de uma haste define somente a distância entre sua raiz (ponto inicial) e sua ponteira (ponto final). Hastes, por padrão, não têm "volume"; seu "corpo" define apenas sua direção estrutural e a distância entre os dois eixos.

Por não apresentarem superfície, as hastes do *rig* não podem receber materiais e texturas; não são visíveis; e, portanto, não podem ser representadas na imagem final (*render*). Sua visualização é possível apenas como representação vetorial na interface de trabalho (a *viewport* do *software*), para facilitar a manipulação das ferramentas.

> Um *render* é o resultado obtido em um processo computacional. No contexto da computação gráfica, *renderizar* é o processo de projetar uma cena 3D em uma imagem ou sequência 2D.

1.4.2 Formando conexões

Segmentos de haste podem ser anexados uns aos outros, formando uma junção (*join*). Cada *software* oferece soluções para o desenvolvimento e para a edição de esqueletos, que podem ser por adição, extrusão e por processos semelhantes. A junção de hastes introduz uma hierarquia de influência e direcionamento para as partes do sistema (no sentido de *root* para *tip* ou da cabeça para a calda).

Transformações na haste original influenciam suas derivações; as hastes derivadas, por sua vez, podem ser transformadas sem que se modifique a haste original, embora ainda se mantenham conectadas. A raiz da haste derivada permanecerá conectada ao topo da haste original, como cita Beane (2012, p. 178, tradução nossa):

> Esses pontos de pivô baseados em hierarquia podem ser selecionados e articulados e são posicionados de forma semelhante aos ossos reais dentro de nossos corpos. Uma alternativa para o uso do esqueleto é usar um sistema hierárquico simples com base nas relações pai-filho. Em seguida, os riggers criam controladores que permitirão aos animadores transladar ou girar as juntas.

Figura 1.8 – **Dinâmica da junção de hastes**

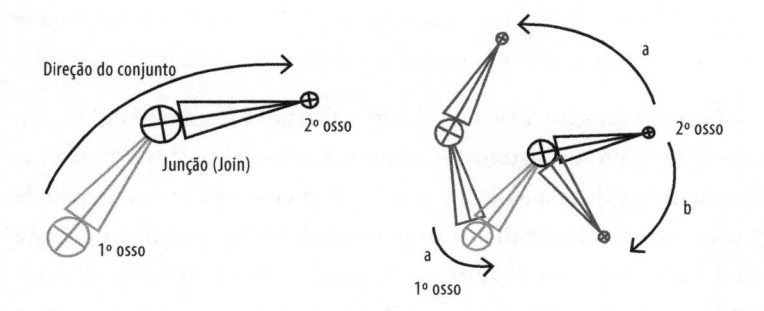

Na Figura 1.8, à esquerda, o esquema indica a junção e a direção que o conjunto assume, sinalizando a hierarquia entre o primeiro e o segundo osso. À direita, vemos como a transformação (giro) empregada no primeiro osso (a) interfere em todo o conjunto, enquanto a transformação do segundo osso (b) não interfere no primeiro. Observe, ainda, que, no primeiro giro, a raiz da haste funcionou como eixo de rotação.

Antes de prosseguirmos, é preciso fazer uma breve introdução aos conceitos de filiação (*parenting*)[3] e de hierarquia, temas que serão retomados no Capítulo 4. O conceito básico é o de criarmos um sistema organizado, cujas partes estabeleçam uma relação entre si, permitindo que um elemento influencie outro de maneira ordenada:

---

[3] *Parenting* é o termo para designar esse tipo de *link* entre dois objetos. A tradução correta seria "paternidade", mas optamos por "filiação", por acreditarmos que exprime melhor o conceito implantado.

Todos os *rigs* são baseados em uma hierarquia de sistemas e controles trabalhando em ordem sequencial para criar a articulação do seu objeto. Essa hierarquia em sua forma mais básica é um relacionamento pai / filho – um objeto é o pai e outro objeto é o filho. Criar esse relacionamento é chamado de *parenting*. (Beane, 2012, p. 178, tradução nossa)

Na computação, esse tipo de organização é fundamental para o funcionamento do sistema, e a organização das pastas em sistema operacionais ilustra essa afirmação. Pastas se localizam dentro de pastas, sendo conectadas a uma unidade raiz; apagar uma pasta elimina somente os arquivos e as pastas em seu interior. Por outro lado, se apagarmos a unidade raiz, hierarquicamente superior, apagamos todo o conjunto.

Figura 1.9 – ***Rig* com ramificações: as cores e a seta assinalam a organização hierárquica do conjunto, tendo o "pai" como origem (influenciando todo o conjunto)**

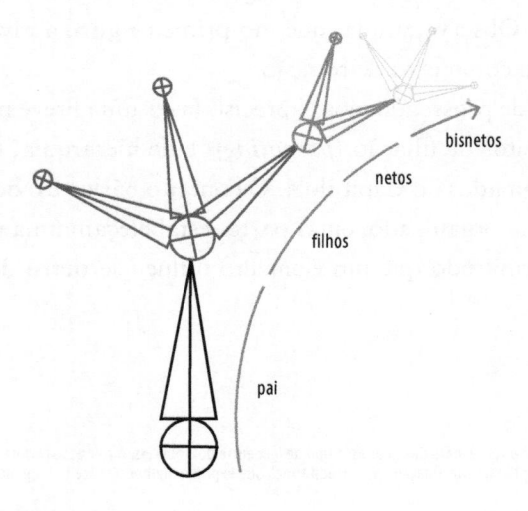

No exemplo da Figura 1.9, o primeiro segmento (o "pai") está em uma posição hierárquica acima do segundo ("filho"). Por isso, transformações no primeiro influenciam o segundo, embora o contrário nunca aconteça. O segundo segmento, além de sofrer a influência do primeiro, depende dele para realizar suas próprias transformações (o topo do primeiro segmento sempre será o eixo de rotação do segundo, limitando seus movimentos). Exemplos práticos disso são o funcionamento de nosso braço e sua estrutura. Nesse caso, temos um arranjo hierárquico no sentido ombro > antebraço > braço > mão. Ao flexionarmos o ombro, influenciamos todo o conjunto até a mão, porém o contrário não ocorre. Podemos girar a mão sem envolvermos o antebraço e o ombro, ainda que a mão esteja limitada ao punho (extremidade do braço), seu eixo de rotação.

É possível conectar várias novas hastes a uma mesma haste anterior, produzindo ramificações na estrutura do esqueleto. O *rig* da mão, por exemplo, é construído desse modo. Ainda assim, a organização hierárquica se mantém a partir da haste original, distribuindo-se, gradativamente, pelas gerações seguintes, em sentido linear. O segmento original influencia todo o arranjo, e o conjunto da ponta permanece sem influência alguma.

Seguindo a lógica organizacional, segmentos de mesmo nível hierárquico não se influenciam, e elementos que não se originam do mesmo segmento não pertencem à mesma linha de influência.

Figura 1.10 – **Influência entre segmentos anteriores e posteriores**

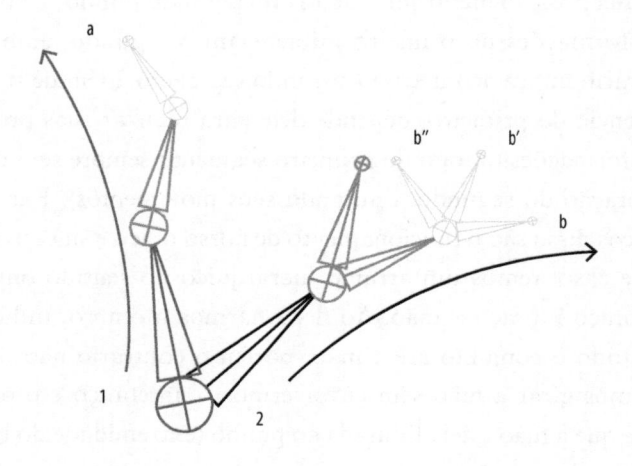

No esquema apresentado, a seta cinza indica o sentido de influência do segmento 1, terminando no segmento "a". A seta preta indica a influência do segmento 2, terminando no ramo "b". Embora pertençam à mesma geração, o elemento "a" e os elementos "b" são totalmente independentes entre si. O segmento 2 não tem qualquer influência sobre "a", assim como o segmento 1 não tem qualquer influência sobre o ramo "b".

Cinemática direta (FK) e cinemática inversa (IK)

Os segmentos e as junções desenvolvidos até aqui estão organizados, como vimos, no sentido direto de sua hierarquia. Representam o que chamamos de *cinemática direta (forward kinematics* ou FK). No desenvolvimento do *rigging*, existem duas possibilidades de organização: a cinemática direta, se a articulação das juntas corresponder à ordem hierárquica previamente definida; e a cinemática inversa (*inverse kinematics* ou IK), se a organização da articulação das junções ocorrer na ordem inversa de sua hierarquia original. Seguindo o exemplo do braço, o conjunto seguirá, na cinemática inversa, a hierarquia no sentido mão > braço > antebraço > ombro. Nesse caso, ao movermos a mão, todo o conjunto acompanhará o movimento, ao contrário do que acontecia anteriormente.

> A cinemática é a parte da mecânica que se ocupa do movimento, independentemente de suas causas e da natureza dos corpos. No contexto do *rigging*, usam-se, com frequência, as versões abreviadas FK e IK, que correspondem aos termos em inglês.

Veremos as aplicações de FK e de IK quando abordarmos a construção do esqueleto, no Capítulo 3.

1.4.3 Reestruturação do *rig*

Todo o arranjo apresentado até agora representa uma organização básica do tipo padrão (*default*), e, em muitos casos, essa organização padrão do *rig* é a mais indicada. Como vimos, braços e apêndices, por exemplo, organizam-se nesse sentido. Em outros casos, o *rigger* deverá criar arranjos estruturais diferenciados para o conjunto.

Devemos ter sempre em mente que os movimentos criados na animação em 3D, embora tenham resultados extremamente realistas, são frutos de recursos de manipulação, truques de marionetes.

O que diferencia a animação da simulação digital é o objetivo de cada uma; o animador centra-se no resultado, a animação final[4].

Como já afirmamos anteriormente, o *rig* deve ser desenvolvido para propiciar o controle da deformação da malha, gerando os movimentos da animação, não para replicar os detalhes de um organismo em suas minúcias.

Como quase tudo na computação gráfica, a organização dos segmentos do esqueleto pode ser totalmente reprogramada e reorientada de acordo com as diretrizes do projeto e com os interesses do animador.

Entre as possibilidades de novos arranjos, temos as seguintes:

- desconectar as junções entre duas hastes (*offset*), mantendo o *parenting* entre elas (recurso muito usado para separar o fêmur da coluna);
- quebrar o *parenting* (permitindo que se criem pontos de refinamento de controle);
- inverter o sentido hierárquico de trechos ou de todo o segmento – a cinemática inversa (útil para o *rig* de caudas de animais).

Essas são algumas possibilidades de personalização dos segmentos do *rig*. Nos capítulos seguintes, aprofundaremos esse tema.

---

4   O ramo da simulação, na computação gráfica, é de extrema importância para a animação, mas pode trazer uma complexidade excessiva e indesejada ao processo de animação. Não é nada fácil deixar um personagem de pé enquanto a força da gravidade age sobre ele.

1.5 Associação do esqueleto à malha poligonal

Para que o *rig* funcione, é preciso criar uma relação entre sua estrutura e a malha poligonal que será deformada (o personagem). A operação segue um padrão simples de implementações do tipo *parenting*, que abordamos em detalhes a seguir.

- **O primeiro passo é o de associar a malha poligonal ao *rig*,** criando um *parenting*. A malha será a filha (*child*) do *rig* (*father*). Mesmo trabalhando para a malha, o *rig* detém o controle da operação e, por isso, assume a posição de pai no *parenting*. Um ou mais objetos (malhas) podem ser associados ao *rig*, desde que se respeite a lógica de hierarquia. Podemos posicionar uma única haste para controlar o movimento dos olhos, por exemplo.
- **O segundo passo é preparar a malha poligonal, separando** áreas da superfície em grupos de vértices (*vertex groups*). As separações devem seguir o planejamento da animação, correspondendo à configuração e às articulações do *rig* montado e atendendo à complexidade da deformação pretendida.
- **Para conectar cada segmento do *rig* aos *vertex groups* da malha,** o endereçamento é o terceiro passo do processo. O método segue uma lógica simples: o endereçamento de cada grupo de vértices ocorre por batismo (atribuição de valor). Ao criarmos as conexões do *rig*, é padrão que o sistema atribua um nome (ou valor), automaticamente, a cada segmento – "osso.1", "osso.2", ou algo similar –, obedecendo à lógica de *parenting*. Se batizarmos o trecho de malha com o mesmo nome do osso,

criamos uma relação de endereçamento – isto é, o sistema reconhecerá a correspondência de valor e estabelecerá a conexão entre cada trecho de malha e o segmento de *rig* correspondente. Na Figura 1.11, perceba que dois sistemas de *parenting* foram criados. O primeiro, mais abrangente, liga todo o esqueleto à totalidade da malha, e o segundo, mais estrutural, liga segmentos de *rig* a áreas específicas da malha (ombro, antebraço, braço e mão, por exemplo). Na figura, o grupo de vértices vermelhos está conectado ao *rig* laranja, respondendo à flexão do segmento; em verde, há vértices conectados ao segmento azul.

Figura 1.11 – **Relação entre dois segmentos do *rig* e alguns grupos de vértices (*vertex group*)**

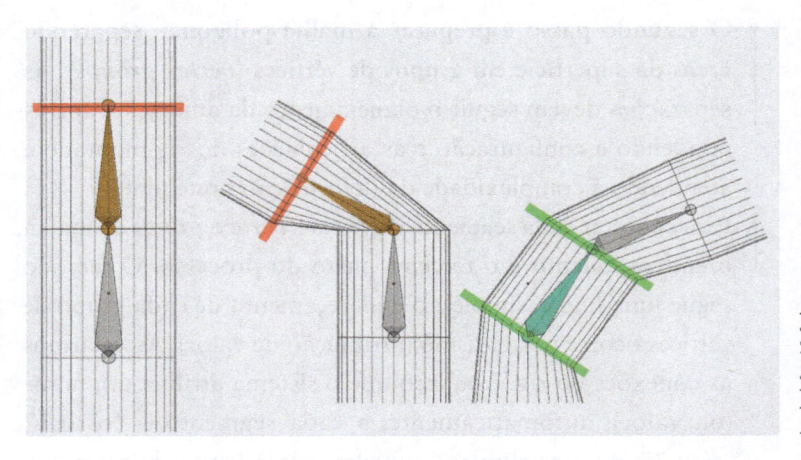

- Para que o sistema aja com mais precisão e para que o trabalho de ajuste fique mais fácil e acessível, é aconselhável aperfeiçoar o endereçamento das partes envolvidas. Substitua os valores gerados pelo *software* (geralmente, são um tanto abstratos, embora estejam organizados logicamente) por um sistema próprio de organização, batizando os segmentos de maneira clara e precisa: "*sobrancelhaESQ*", por exemplo, para área da sobrancelha esquerda do personagem; "*R arm*", "*R hand*"[5], para a junção do braço e da mão direitos do personagem.

Grupos de trabalho, empresas e grandes estúdios costumam ter sua própria metodologia de nomenclatura, facilitando todo o fluxo de trabalho. Muitas vezes, o trabalho de animação é setorizado, motivo pelo qual desenvolvedores, animadores, *riggers* etc. precisam, sempre, desenvolver metodologias de trabalho mais produtivas. Um sistema de classificação bem organizado para os segmentos de *rig* é uma dessas boas práticas.

1.6 Weight painting

Ao conectarmos trechos da malha (*vertex group*) aos segmentos do *rig*, podemos, finalmente, deformar a malha por meio da flexão das junções. Contudo, por ser um processo automatizado, a influência do *rig* sobre a malha, por padrão, ocorre mecanicamente, deformando a malha, muitas vezes, de maneiras indesejadas.

---

[5] "*R arm*" e "*R hand*" se referem a *right arm* e a *right hand*, respectivamente, e correspondem a "braço direito" e a "mão direita" em português. Seus correspondentes simétricos seriam "*L arm*" e "*L hand*": braço esquerdo e mão direita.

Matematicamente, as transformações da haste são transferidas, diretamente, para o grupo de vértices conectado. É como dobrar um tubo metálico[6].

É preciso introduzir, no sistema, nuances para o processo, variações matemáticas que suavizem as transições e que tragam mais organicidade às deformações, criando graduações na influência do *rig* sobre a malha. Um dos métodos mais intuitivos de se criar nuances na deformação da malha poligonal é a aplicação de uma *weigth painting* à malha. A expressão *weight painting* pode ser traduzida como *delimitação de influência*, e o conceito é válido, pois descreve bem a função do recurso.

Figura 1.12 – **No modelo (A), vemos a ação de *rig* sem a influência do *weigth painting*; no modelo (B), vemos uma distorção mais suave, em razão da aplicação do recurso (azul = 0% de influência; vermelho = 100% de influência)**

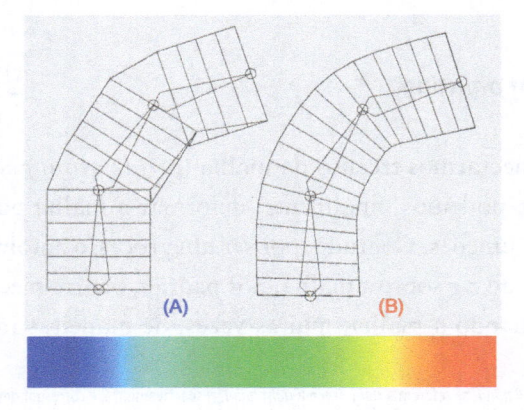

---

6   Mais precisamente, o processo, por *default*, não leva em consideração qualquer qualidade física, como resistência e tensão de materiais. O exemplo não passa de uma metáfora.

A função da *weigth painting* é criar um mapa que gradue a influência das transformações do *rig* sobre a malha poligonal, funcionando de maneira simples e direta: o mapa interfere no processo, criando um valor de controle que varia de 0% a 100%; orientando o comportamento da malha; e graduando a ação do *rig*. Quando flexionamos o *rig*, o valor de influência se espalha gradativamente, suavizando a distorção. O *weigth painting* é aplicado sobre cada um dos *vertex groups* e, assim, proporciona controle pontual sobre cada segmento conectado ao *rig*.

Figura 1.13 – **Ação do *weigth painting* sobre cada um dos *vertex groups* da malha**

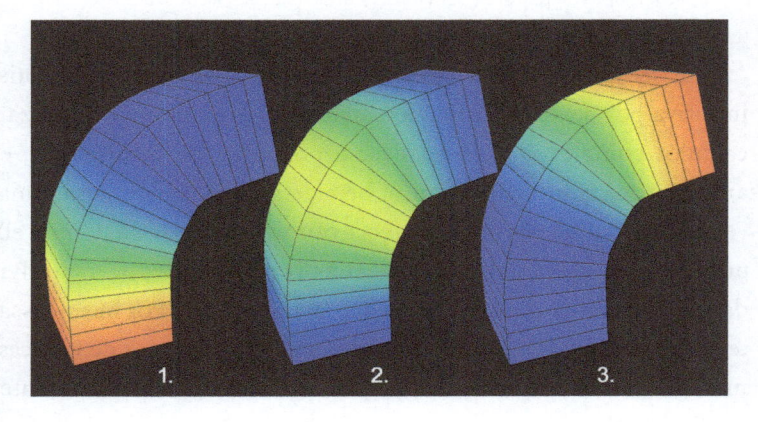

Uma das vantagens do *weigth painting* é permitir que a estrutura do *rig* tenha uma configuração muito simples, com menos hastes e junções. O mesmo efeito de suavização exigiria muitos mais segmentos de *rig* e um volume maior de geometria sem a aplicação do recurso.

O processo usual de aplicação de *weigth painting* acontece com o uso de pintura virtual sobre a malha poligonal (como o nome já sugere). Usando o *mouse* ou a caneta digital, o animador controla o cursor, aplicando o mapeamento a cada *vertex group* selecionado, de acordo com sua intenção. A maioria dos programas de modelagem e de animação 3D oferece um modo de aplicação análogo ao de *vertex painting*, viabilizando a aplicação.

> *Vertex painting*, ou pintura de vértices, é uma técnica que possibilita ao animador criar uma camada de pintura diretamente no modelo, sem aplicar mapas de textura e sem retocar uma textura aplicada, por exemplo.

Por ser uma técnica de pintura, permite uma abordagem mais intuitiva por parte do animador, liberando-o da tarefa de realizar cálculos complexos para resolver o problema de deformação; e, ainda, propicia uma intervenção bem detalhada e minuciosa, uma vez que o recurso costuma oferecer otimizações do *brush* (pincel) utilizado, como configurações personalizadas, ajustes de interatividade, pincéis especiais, recursos de suavização etc. Por meio dessa técnica, o animador é capaz, também, de refinar grupos de vértices mais grosseiros e/ou de corrigir grupos criados automaticamente.

O *weigth painting* é um recurso extremamente versátil, podendo ser aplicado em outras áreas de desenvolvimento de animação 3D. Assim como no *rigging*, funciona como um mapa de controle em várias situações: na ação de modificadores, mapeando sua ação; na emissão de partículas; no funcionamento de *shape Keys*, influenciando-os; e no controle da densidade de cabelo e de grama, por exemplo.

1.7 Desenvolvimento de poses

O desenvolvimento do *rigging* ocorre em duas etapas. Na primeira, o animador cria e configura sua estrutura; acrescenta junções; e realiza testes e correções etc. Essa etapa ocorre em uma seção própria de edição de *rigging*, com ferramentas específicas e com soluções orientadas.

Uma vez que a estrutura esteja devidamente configurada, é o momento de manipularmos o modelo e de desenvolvermos suas poses. Como vimos anteriormente, o processo de *rigging* permite que o animador utilize uma abordagem mais próxima à técnica de *stop motion*, com a diferença de que, nessa etapa, ainda não precisa se preocupar com questões como a iluminação e o enquadramento.

> Em estúdios profissionais, o processo é setorizado. Dessa forma, o *rigger* nunca se envolverá com questões de iluminação e de renderização além do que for necessário, que será apresentado pela direção de arte.

A criação e a manipulação das posições do modelo são, geralmente, realizadas em um modo de edição específico para o desenvolvimento de poses. A manipulação consiste em selecionar trechos do *rig*; em executar modificações pontuais; e em atribuir um *keyframe*. *Constraints* e/ou *parentings* garantem o bom funcionamento do conjunto.

As manipulações no momento de pose não alteram a configuração original registrada no modo de edição, funcionando como uma espécie de *backup*. Infelizmente, o inverso não se aplica: edições na estrutura do *rig* podem distorcer poses em andamento e, por isso, devem ser evitadas. O modo de edição guarda a configuração real do *rig*, ao passo que o modo de pose permite sua manipulação e o desenvolvimento da animação. Abordaremos mais o tema nos capítulos seguintes.

SÍNTESE

Neste primeiro capítulo, apresentamos uma abordagem introdutória sobre o desenvolvimento do *rigging*; suas particularidades; suas aplicações; suas origens históricas; e sua relação com o desenho animado tradicional e com o *stop motion*.

Analisamos também o conceito de transformações orientadas e os usos de ancoragem, de curvas e de *constraints*. Dissecamos a estrutura do *rig* em suas partes menores e observamos sua organização com o auxílio dos conceitos de hierarquia e de filiação (*parenting*).

Por fim, evidenciamos a importância do uso de *vertex groups* e de *weitgh paiting*. Esses e outros recursos serão abordados, com mais detalhes, nos próximos capítulos.

SKINNING

Neste capítulo, abordaremos a etapa de *skinning*, parte do *rigging* voltada à adequação dos personagens modelados ao processo de deformações e de animação.

> *Skinning*, no sentido de converter a malha poligonal em pele, é um termo recorrente na indústria da animação.

Analisaremos todo o processo de projeto e de preparação do modelo digital 3D em um objeto pronto para ser animado; os ajustes necessários no esqueleto; e a correta modificação da malha poligonal para todos os processos de deformação e de transformação próprios dos movimentos animados. Aprimoraremos, também, o ajuste da influência do esqueleto sobre a malha, identificando e otimizando os pontos de junções e seu comportamento.

Visando ao maior controle das deformações produzidas e à diminuição da complexidade computacional, apontaremos, ainda, técnicas de otimização da malha geométrica, como a retopologia; a aplicação de modificadores; a texturização e o desenvolvimento de mapeamento de imagens (correções de grupos de vértice – *vertex groups*); e os ajustes pontuais nas deformações da malha com as *shape keys*.

2.1 O *rigging* no *workflow* de animação

A animação profissional é um processo segmentado e planejado. De ponta a ponta, desde o planejamento da animação e o *design* dos personagens até a etapa de posicionamento (*keying positions)*, os animadores envolvidos devem ter ciência do estilo e dos objetivos de cada sequência. O animador precisa antecipar, com clareza, os resultados de cada sequência animada.

Para a etapa do *rigging*, a direção de arte precisa definir, com precisão, os tipos de movimentos e de deformações a serem desenvolvidos. O *design* dos personagens orientará todo o trabalho do *rigger*, desde a pesquisa até o desenvolvimento dos movimentos. Animações mais estilizadas exigem movimentos mais simples e mais elásticos, ao passo que animações mais realistas exigem uma pesquisa mais aprofundada dos movimentos anatômicos e um *rig* mais complexo.

Para que o *rigger* desenvolva seu trabalho corretamente, é necessário localizar sua posição dentro da cadeia produtiva. Nessa etapa, o animador já deve ter um conhecimento profundo do roteiro, do *storyboard*, da direção de arte e do *design* dos personagens, capacitando-se para o projeto dos primeiros esboços de movimentação.

> *Storyboard* é a primeira transcrição do roteiro em uma sequência de imagens. Adotando uma estrutura semelhante às das histórias em quadrinhos, apresenta o desenvolvimento das cenas e algumas sugestões de enquadramento e orienta o animador na projeção das sequências de animação.

Em muitos casos, principalmente em grandes estúdios, o *rigger* não participa do processo de desenvolvimento e de modelagem dos personagens, tendo apenas um primeiro contato com os desenhos de produção e com os desenvolvimentos preliminares. Durante o *skinning*, muitas alterações devem ser feitas para adequar os modelos às premissas da animação.

A fase de esboços possibilita ao animador uma abordagem prática do desenvolvimento das partes animadas. Com o processo analítico de tentativa e de erro próprio do desenho, o animador consegue projetar movimentos; antever seu funcionamento; selecionar as posições-chave; visualizar a implementação do esqueleto, e ajustar as áreas de junção.

> Antes de animar uma cena, é sempre uma boa ideia planejar a ação com uma série de esboços em miniatura [thumbnail], ilustrações simples que mostram todas as principais poses adotadas por seu personagem durante a cena. Eles atuam como um guia de referência e, como tal, são geralmente pequenos e podem ser bastante grosseiros. (Roberts, 2004, p. 58, tradução nossa)

Na etapa seguinte, o animador já é capaz de ensaiar os primeiros projetos do *rig* e de apontar modificações e adequações no *design* do personagem, preparando-o para a animação das poses. O desenvolvimento do *rig*, então, divide-se em duas etapas: (i) o desenvolvimento do esqueleto, de sua configuração e de seus ajustes; e (ii) a otimização da malha poligonal para as deformações planejadas (*skining*).

Uma vez que as duas etapas estejam concluídas, vem a etapa de teste e de prototipagem, para a avaliação do funcionamento do *rig* e da malha (pele). Se isso for necessário, haverá a correção e o ajuste de problemas pontuais.

Concluída a etapa do *rig*, a produção pode centrar-se no desenvolvimento de poses e no *keying* dos movimentos.

> O *keying* consiste na definição das posições-chave (*key frames*) dos movimentos de animação, orientando o posterior desenvolvimento dos *inbetweeners* – isto é, a interpolação das posições intermediárias.

2.1.1 Animação planejada

O conceito de animação planejada foi introduzido com o objetivo de reduzir custos e prazos de produção. Orienta o projeto e o *design* dos personagens, desmembrando, entre as áreas a serem animadas, as que exibem maior detalhamento e que, portanto, têm maior complexidade, e as que funcionam de maneira mais simplificada.

A animação planejada orienta toda a complexidade de elementos animados. Permite, ainda, ao animador categorizar personagens (principais, secundários, figurantes) e, assim, adotar as ferramentas de *rig* adequadas a cada categoria; projetar níveis de complexidade para os *rigs* em desenvolvimento; antecipar áreas de detalhamento, *close-ups* e *cut outs*; projetar ciclos de animações genéricos etc.

> *Close-up* é um enquadramento de cena muito fechado, centrado em um detalhe; muitas vezes, no rosto do personagem.
>
> *Cut out* consiste em desmembrar os personagens em pedaços, permitindo o desenvolvimento de animações isoladas. Na animação 3D, pode ser usado no desenvolvimento de *close-ups* e nos detalhamentos em geral.

Figura 2.1 – *Cut out*

drumcheg/Shutterstock

2.1.2 **Balanço**

O primeiro passo no desenvolvimento do *rig* em uma animação planejada é a decisão do comportamento do modelo animado, estabelecendo uma ideia de fluxo dos movimentos e das deformações, da expressão corporal dos personagens e de seu balanço.

Embora partamos da premissa do desenvolvimento de personagens humanoides, a animação possibilita a criação dos mais variados seres: polvos, pôneis e pandas convivem com fadas, com princesas e com alienígenas. Isso exige do animador muita imaginação e extensa pesquisa para desenvolver os movimentos dos mais diversos apêndices e membros, os quais apresentarão diversas complexidades nos movimentos e nas infinitas variações de elasticidade e de deformações.

Para alcançar o balanço pretendido na animação desenvolvida, o animador deve equilibrar as particularidades do movimento de cada personagem com a linguagem e com as técnicas de animação. As particularidades de cada movimento devem ser apreendidas com base na pesquisa e, principalmente, na observação da natureza, extraindo a síntese dos movimentos, seus aspectos mais expressivos.

Os fundamentos da linguagem da animação estão reunidos nos *princípios fundamentais da animação*, dos quais trataremos a seguir.

2.1.3 Os princípios fundamentais da animação

Os princípios fundamentais da animação foram criados, em 1981, pelos animadores Frank Thomas e Ollie Johnston, no livro *The Illusion of Life: Disney Animation*; e foram atualizados para a animação em 3D, por John Lasseter, no artigo "Principles of Traditional Animation Applied to 3D Computer Animation".

> A aplicação de alguns desses princípios significa o mesmo, independentemente do meio de animação. A animação 2D desenhada à mão trata de uma sequência de desenhos bidimensionais que simulam movimento. A animação 3D por computador envolve a criação de um modelo tridimensional no computador. O movimento é obtido definindo as poses dos quadros-chave [*keyframe*] e fazendo com que o computador gere os quadros intermediários [interpolação]. *Timing*, antecipação, encenação, *follow through*, sobreposição, o exagero e a ação secundária se aplicam da mesma forma para os dois tipos de animação. (Lasseter, 1987, p. 36, tradução nossa)

O livro de Thomas e de Johnston contém toda a *expertise* acumulada durante a produção de animações nos estudos Disney e serve como fundamento para a formação de novos animadores.

Os princípios consistem em 11 orientações que todo animador deve seguir no desenvolvimento dos movimentos de animação, quais sejam:

1. *Squash* e *stretch* (espremer e esticar) – transmitir a organicidade dos personagens em contraste com a rigidez dos objetos por meio da deformação e da estilização dos movimentos.
2. *Timing* – atribuir ritmo aos movimentos, mantendo cadência contínua e criando momentos de clímax e de repouso.
3. Antecipação – recuar ou pausar o movimento, preparando a ação principal (como o flexionar dos joelhos antes de um salto).
4. *Staging* – criar expressões cênicas, deixando claras as ações e as emoções do personagem.
5. *Follow through* e *overlapping action* – criar movimentos secundários que se sobreponham (*overlapping*) e que deem prosseguimento (*follow through*) ao movimento principal, ao encerramento de uma ação e ao estabelecimento de sua relação com a próxima ação. Originalmente, eram dois princípios distintos, mas, como se complementam, costumam ser citados em conjunto.
6. *Straight ahead action* e *pose-to-pose action* – desenvolver a animação. *Straight ahead* significa desenvolver o movimento da animação quadro a quadro, e *pose-to-pose* diz respeito a desenvolver as posições principais do movimento (*keyframe*) antes de preenchê-las (Lasseter, 1987).
7. *Slow in and out* – começar o movimento lentamente, acelerá-lo e, novamente, desacelerá-lo continuamente até pará-lo totalmente.

8. Arcos – descrever movimentos com a utilização de arcos.
9. Exagero – acentuar a essência de uma ideia por meio do *design* e da ação.
10. Ação secundária – unir cada movimento a um anterior, criando uma cadência de ações.
11. Apelo – criar um *design* e/ou uma ação que atraiam o interesse do público.

Lasseter (1987, p. 36, tradução nossa) enfatiza a importância do princípio de *squash* e *stretch* na criação de movimentos orgânicos:

> Quando um objeto é movido, o movimento enfatiza sua rigidez. Na vida real, apenas as formas mais rígidas (como cadeiras, pratos e panelas) permanecem assim durante o movimento. Qualquer coisa viva composta de carne, não importa quão óssea seja, mostrará uma mudança considerável em sua forma durante uma ação.

Em outras palavras, corpos orgânicos se deformam quando se movimentam, e essa deformação precisa ser expressa e enfatizada no desenvolvimento da animação.

O *rigging* em desenvolvimento, portanto, deve ser projetado com vistas à criação de movimentos que atendam aos princípios fundamentais da animação e em sintonia com o *design* da produção, gerando personagens interessantes, com personalidades próprias, que se movam de modo convincente e agradável.

O estilo de produção, os detalhes do personagem, sua texturização, a geometria da malha e outros fatores que o constituem passam, então, por um processo de adequação e de adaptação, tendo em vista o bom desenvolvimento dos movimentos animados e o bom funcionamento do *rig* e da malha. Essa etapa é conhecida como *skinning* e compreende outras etapas, que abordaremos a seguir.

2.2 Desenvolvimento do *skinning*

2.2.1 Identificação das junções

Um passo importante no desenvolvimento do *rig* é a identificação dos pontos de junção, das áreas de interesse do personagem e das partes de maior complexidade. O animador já pode esboçar um esqueleto, ajustando suas proporções e espelhando os membros em personagens bípedes, bem como antever detalhes em sua configuração IK e FK etc.

Com o esqueleto esboçado, o posicionamento de suas juntas e um entendimento prévio de suas configurações deve ser comparado aos personagens modelados. Assim, todos os ajustes necessários são estabelecidos. No próximo capítulo, voltaremos ao desenvolvimento do esqueleto.

2.3 Ajustes iniciais da malha poligonal

As premissas da etapa de modelagem nem sempre são as mais adequadas para o processo de animação. Técnicas, efeitos e detalhes precisam ser revistos e adaptados corretamente para que não haja perda de qualidade nem desvios no estilo desenvolvido. Isso garante a viabilidade e a realização técnica de todo o processo. Artistas especializados em modelagem e em desenvolvimento de personagens, geralmente, adotam uma abordagem mais artística. Seu foco e suas ferramentas são voltados para facilitar o fluxo criativo e, muitas vezes, resultam em uma malha poligonal extremamente complexa e detalhada. Cenas e personagens desenvolvidos em 3D costumam ter três objetivos, que acarretam processos de adaptações e de ajustes próprios:

1. Ilustração – nesse caso, o *workflow* é relativamente simples. O artista modela os elementos de cena com base em um conceito prévio, desenvolve seus materiais e suas texturas, ilumina e renderiza todo o trabalho. O foco criativo e técnico do artista é mais imediato e segmentado, já que executa várias etapas do processo ficando apenas no resultado estético. O *rigging*, se houver, será usado apenas para a criação de poses. Cenas podem demorar bastante para ser renderizadas, mas ilustrações, em geral, exigem menos capacidade computacional do que cenas animadas.

2. Animações para cinema, para *web* e para TV (renderização *off-line*) – o artista desenvolve suas modelagens dentro de um *workflow* mais complexo, uma vez que toda a etapa de animação exige aprimoramentos técnicos e adaptações. Modelagens mais complexas passam pelo processo de *skinning* para se adequar às limitações da produção e de processamento (computação).

3. Animações para *video game* (renderização em tempo real) – as animações para *video games* costumam ser renderizadas em

tempo real (com exceção das *cut scenes*) – isto é, seu processamento ocorre simultaneamente à sua exibição. Nesse caso, todo o *workflow* é orientado para a otimização do processamento e para a renderização dos movimentos. Muitas vezes, modelagens complexas servem apenas como *concept art* no desenvolvimento do jogo, exigindo um processo de *skinning* mais intenso e dirigido.

> *Renderização off-line* se refere às animações renderizadas e convertidas em vídeo antes de sua exibição.
>
> *Cut scenes* (cenas de corte) são animações presentes no intervalo entre as fases de jogos eletrônicos.
>
> *Concept art* significa, em tradução direta, "arte conceitual". Consiste em desenhos e ilustrações realizados para orientar a equipe de animação e/ou de cinema artisticamente. Além de o termo ser amplamente utilizado em inglês, *arte conceitual* refere-se, normalmente, a uma manifestação artística específica, o que pode causar confusão.

A etapa de *skinning* foi implementada no *workflow* de animação para garantir o desenvolvimento de movimentos e de deformações que não prejudicasse o fluxo criativo dos desenvolvedores de personagem. Suas etapas envolvem:

- reorganização da malha poligonal – deve ser simplificada e organizada de maneira adequada aos processos de computação envolvidos e, em muitos casos, será totalmente reconstruída por meio da *retopologia*;

- revisão de modificadores e de efeitos aplicados – os diversos artifícios aplicados no desenvolvimento da malha devem ser revistos, principalmente os do tipo não destrutivos;
- preservação de detalhes por meio do mapeamento de texturas;
- correção e ajustes dos *vertex groups* e dos *edge loops;*
- aplicação e refinamento da *weight painting*;
- detalhamento por meio de *shape keys*.

> Recursos não destrutivos são recursos e efeitos aplicados à malha poligonal sem modificá-la, preservando sua configuração original.

2.4 Escultura digital

Uma das técnicas mais tradicionais no desenvolvimento de personagens em 3D é a de escultura digital. Muitos artistas optam por essa técnica em virtude de sua semelhança com processos tradicionais de escultura e da facilidade que as ferramentas oferecem. Embora muitos *softwares* de modelagem 3D ofereçam um modo de escultura digital, o *ZBrush*, da Pixologic, é a referência do mercado. Há, inclusive, uma versão gratuita, chamada *ZBrushCoreMini*, para artistas iniciantes.

Figura 2.2 – **Escultura digital**

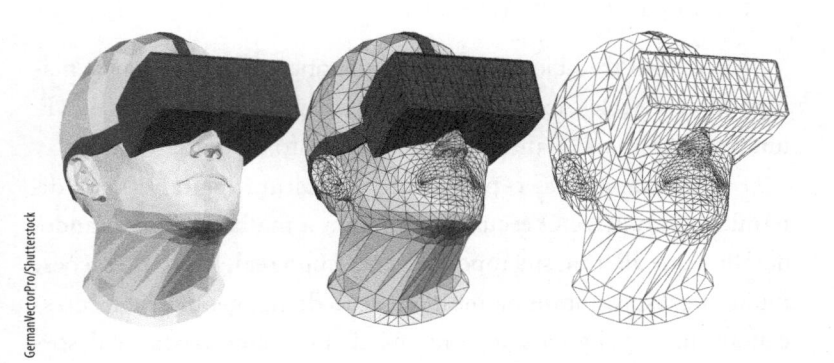

A principal característica da escultura digital é a possibilidade de a malha digital ser modelada por meio de pincéis virtuais. O processo pode ser realizado com um simples *mouse*, mas o uso de mesas digitalizadoras permite uma abordagem mais sutil e intuitiva e oferece mais precisão e controle para o escultor.

Os pinceis digitais são altamente configuráveis e personalizáveis, possibilitando o desenvolvimento dos mais diversos efeitos e técnicas escultóricas. O artista pode criar seus próprios pincéis ou adquirir conjuntos especializados para cada estilo de escultura e para cada tipo de detalhamento: escamas, detalhes de costura, acessórios militares, partes mecânicas etc. As possibilidades são, literalmente, infinitas.

A principal diferença da escultura digital em relação às técnicas tradicionais de edição e modelagem em 3D diz respeito ao método de abordagem da malha trabalhada: em vez de lidar com elementos individuais (vértices, arestas e faces), uma área do modelo é alterada com um pincel. Em outras palavras, em vez de selecionar um grupo de vértices, o modo de escultura manipula a geometria na região de influência do pincel. (Blender Documantation Team, 2022, tradução nossa)

Na edição tradicional, o animador opera pontualmente, manipulando vértices, extrudando regiões, subdividindo faces etc. É um trabalho mais analítico, abordado ponto a ponto.

Em contrapartida, o processo de escultura digital é mais dinâmico e intuitivo. O escultor manipula a malha, acrescentando detalhes que alteram sua topologia em tempo real. Essas alterações, muitas vezes, resultam na multiplicação de sua geometria e acrescentam mais polígonos ao conjunto de um modo bastante desorganizado. A malha densa e desorganizada, além de exigir maior processamento computacional, torna-se extremamente complexa, dificultando sua maleabilidade no desenvolvimento dos movimentos e das poses, e deixa todo o trabalho do *rigging* mais difícil, principalmente na configuração das áreas de influência de cada segmento (osso). Além disso, malhas densas costumam dobrar-se da maneira errada, apresentando erros nos pontos de junção.

Além da organização e da complexidade da geometria produzida, outro fator que deve estar presente na mente dos desenvolvedores é a resolução da malha poligonal produzida: assim como em uma imagem digital, é possível definir a resolução da malha poligonal desenvolvida – isto é, a concentração dos vértices e a complexidade da malha. Geralmente medida em *pixels*, a resolução estabelece o nível de detalhamento. Não raro, no processo de esculpir os modelos, o artista não leva em consideração a resolução da malha por estar preocupado em acrescentar detalhes ao seu processo criativo.

Os modelos devem ser construídos com uma quantidade razoável de geometria para representar a organicidade dos objetos e para expressar o *design* da produção e sua direção de arte. Devem, ainda, estar adequados a todo o processamento computacional envolvido na produção.

O processamento computacional é um fator importante para todo o processo de animação digital, e mesmo os grandes estúdios tem de levar em conta o impacto de uma geometria densa em todo o *pipeline* de animação e de renderização. Pequenas produtoras e desenvolvedores de *video games* precisam de atenção redobrada no desenvolvimento de seus modelos geométricos e de uma malha densa demais.

| *Pipeline* é um termo recorrente e se refere à etapa de processamento e de renderização das cenas. |

Em resumo, se o processo de escultura digital facilita o trabalho do desenvolvedor de personagens, pode tornar-se um problema para o animador.

2.4.1 Retopologia

Uma das soluções para o excesso de desordem na malha poligonal produzido durante o processo de escultura digital é redesenhar toda a malha de uma maneira mais limpa e organizada.

O processo de reconstrução da malha poligonal é conhecido como *retopologia* ou, simplesmente, *retopo*. Consiste na criação de uma nova malha com uma topologia regular e organizada e com uma resolução adequada ao projeto em desenvolvimento, partindo da topologia original. Portanto, está preparada para receber a projeção dos detalhes em alta resolução (mapeamentos) e adequada às deformações do *rig*. "Desta forma, terminamos com uma malha com uma topologia limpa e otimizada e todos os detalhes de alta resolução que esculpimos anteriormente" (Scherer, 2011, p. 230, tradução nossa).

A etapa de *retopologia* tem as seguintes diretrizes:

- Resolução da malha – reconstruir a topologia do modelo, mantendo sua organicidade sem sobrecarregar seu processamento computacional, adequando-o ao escopo do projeto.
- Animação – organizar a malha, permitindo o bom desenvolvimento dos movimentos de animação, das flexões das juntas e das deformações. Deve oferecer mais detalhamento a áreas de destaque e expressão e simplificar áreas secundárias e de pouco movimento.

A retopologia vai muito além da simplificação da malha. Existe uma **configuração** específica que a nova malha deve apresentar. A proporção entre os segmentos da geometria (faces) deve estar em equilíbrio com o volume descrito, expandindo e retraindo a distância entre seus vértices e *edges loops* de maneira regular e gradual. Uma malha bem-estruturada é facilmente percebida: seus diversos segmentos formam um desenho harmônico e bem distribuído.

Edges loops são os segmentos formados por vértices e por arestas que compõem a malha geométrica. Quando contornam todo o volume do objeto, formam um *loop*:

> O *edge loop* é um conceito importante, especialmente na modelagem orgânica e na animação de personagens. Quando usados corretamente, eles permitem que você construa modelos com relativamente poucos vértices que parecem muito naturais quando usados como superfícies de subdivisão e se deformam muito bem na animação. (Blender Documentation Team, 2022, tradução nossa)

A organização dos *edge loops* é de extrema importância para a retopologia da malha:

> Se você os moldar [*edge loop*] corretamente, eles imitarão as estruturas musculares reais que compõem o corpo do modelo. Selecionar vértices ao longo desses loops de aresta permite manipular o modelo como se estivesse movendo o músculo subjacente. A chave é definir uma topologia de objeto composta de tais *edge loops*. (Raitt; Minter, 2000, p. 10, tradução nossa)

Os benefícios da retopologia e a organização correta de seus *edge loops* para a animação são diretos, principalmente para a animação de personagens orgânicos (em especial, os humanoides): "Quanto melhor esses *edge loops* imitarem a estrutura muscular do corpo que está sendo animado, mais realistas serão o movimento, o contorno e a silhueta do objeto de controle e da superfície derivada" (Raitt; Minter, 2000, p. 10, tradução nossa).

Algumas configurações de retopologia já são consideradas padrão na indústria da animação, sobretudo as que descrevem a anatomia humana, particularmente o rosto. A regra geral é estabelecer segmentos de *edge loops* contínuos no sentido de crescimento dos membros e raios de expansão dos *loops* a partir de detalhes mais complexos, como, no caso do rosto, os olhos e a boca, reproduzindo, de maneira simplificada, a configuração dos músculos da face.

Figura 2.3 – **Aplicação de *edge loops* na construção de faces humanas**

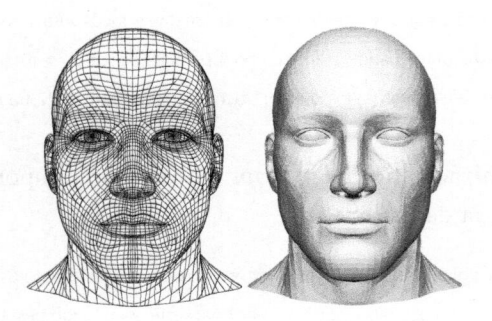

GermanVectorPro/Shutterstock

Os principais *softwares* de modelagem 3D oferecem diversos recursos para o desenvolvimento da retopologia. Ferramentas, modificadores e *plug-ins* fornecem as mais diversas soluções em variados graus de automação. Em geral, o processo ocorre por sobreposição, de modo que o animador cria uma segunda camada de malha poligonal sobre a malha original.

A partir da malha original preservada, serão gerados os diversos mapas de imagens e de texturas, os quais permitirão a projeção dos detalhes na nova malha.

2.4.2 *Video games*, renderização em tempo real e renderização *off-line*

Video games e aplicações de visualização em tempo real merecem especial atenção no desenvolvimento da retopologia. A reconfiguração da malha poligonal, muitas vezes, é determinada por particularidades no processamento computacional envolvido.

Os *games engines*, por sua natureza multitarefa e exigências de agilidade que o processo impõe, precisam lidar com a menor quantidade possível de informação durante o funcionamento. Nesse contexto, uma das diferenças mais importantes diz respeito à própria construção da malha poligonal.

> *Games engines* ou motores de jogos são programas que executam os *video games*, determinando seu funcionamento. Um *game engine* gerencia todo o processo de interação e de funcionamento do jogo simultaneamente à renderização das animações e da construção das cenas.

Ao passo que todo o processo de modelagem e de animação se desenvolve baseado em malhas formadas por faces retangulares (formada por quatro vértices), os principais *game engines* operam com malhas formada por triângulos. O uso de malhas retangulares facilita o processo de modelagem dos personagens e a aplicação de modificadores e de efeitos, mas trazem uma série de desvantagens para a renderização em tempo real.

Figura 2.4 – **Malha triangular das *game engines***

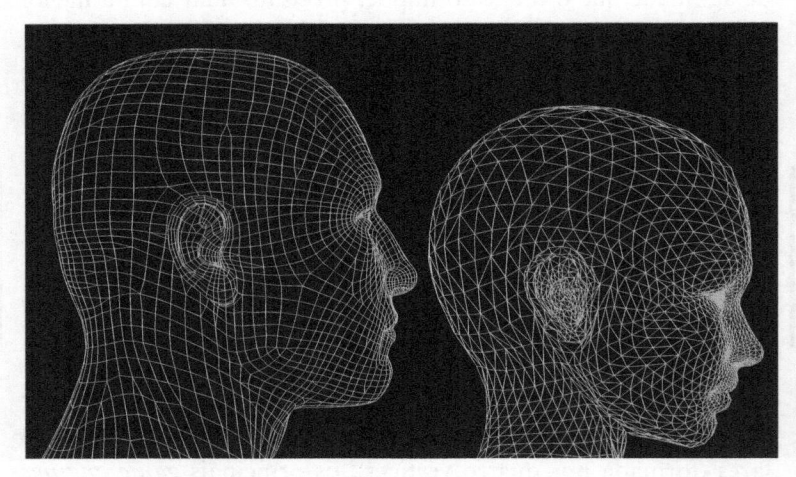

A desvantagem mais óbvia é a quantidade de informação envolvida na construção da malha. Uma face retangular é construída com quatro vértices, e faces triangulares necessitam de apenas três vértices em sua composição.

> Em um cálculo rápido, 22 vértices formam 10 faces retangulares. Os mesmos 22 vértices podem formar o dobro de faces se forem organizados em triângulos. A diferencia exponencial é considerável quando são processados milhões de faces simultaneamente.

O uso de faces triangulares, além de diminuir consideravelmente o impacto computacional envolvido na renderização em tempo real, elimina alguns problemas relacionados à geometria. Em uma face triangular, os três vértices estão sempre no mesmo plano. Isso significa que a face que compõem sempre será plana, ao passo que faces retangulares podem apresentar superfícies não planares, o que pode gerar uma série de problemas para o processamento computacional: cálculos de iluminação, deformações nas texturas etc.

O processo de conversão de faces retangulares em faces triangulares é relativamente simples e costuma ser automatizado. A conexão de dois vértices opostos em uma face retangular por meio de uma nova aresta gera duas novas faces triangulares.

2.5 Texturização e mapeamento por imagens

Uma vez que a estrutura básica do modelo foi reorganizada por meio do processo de metodologia, é preciso, agora, garantir a correta projeção dos detalhes criados na nova malha poligonal. A operação se divide em duas etapas: (i) a planificação da malha poligonal; e (ii) o desenvolvimento de mapas de imagem.

O processo de planificação (*unwrapping*) consiste em transformar a malha poligonal, um modelo tridimensional, em uma superfície bidimensional, um *UV map*:

> UVs são representações 2D de um objeto 3D. Há um problema em envolver uma imagem 2D (uma textura) em torno de um objeto 3D, e o mapeamento UV ajuda com este problema. [as coordenadas do] UVs estão diretamente relacionadas aos vértices em um polígono. (Beane, 2012, p. 160, tradução nossa)

É como desembrulhar um presente ou desmontar uma caixa de papelão, tornando-a plana. Embora seja um processo automatizado, o animador precisa indicar as áreas de emendas (*seams*), definindo as arestas que serão separadas no processo. O ideal é esconder as emendas, deixando as principais áreas do personagem inteiras.

> *Unwrapping* significa "desembrulhar". O termo é recorrente na computação gráfica e descreve a planificação da malha tridimensional em uma superfície bidimensional.
> Por sua vez, *seam* significa costura e faz referência às emendas presentes em roupas.

As áreas desmembradas da malha poligonal planificada são chamadas de *ilhas* e podem ser manipuladas com relativa liberdade. O animador precisa ficar atento para que não haja deformações excessivas nas áreas planificadas, intervindo pontualmente, quando necessário.

Figura 2.5 – *Layout* UV a partir da planificação de uma esfera (esquerda) e de um cubo (direita)

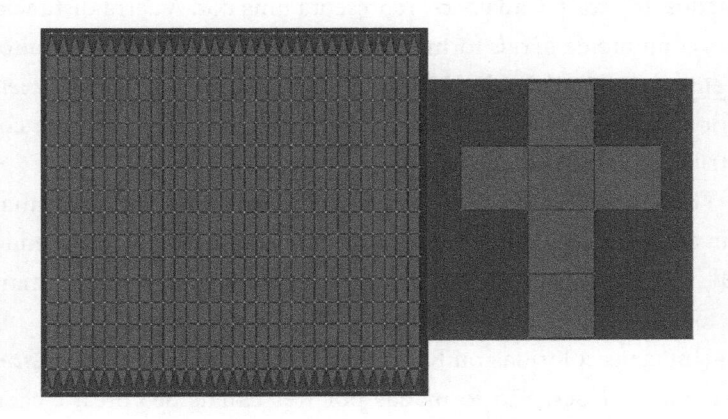

Uma vez definido o *layout* do *unwrapping*, temos um mapa UV, a partir do qual será possível gerar todos os mapas necessários para converter os detalhes modelados da malha original em mapas de imagens e projetá-los sobre a nova malha retopolizada.

> **UV Map**
> Como x, y e z já são utilizadas para descrever as coordenadas espaciais, convencionou-se o uso das letras U e V maiúsculas para indicar os eixos (horizontal e vertical, respectivamente) do mapa bidimensional criado.

2.5.1 Mapeamento por imagens

Para entendermos o mapeamento por imagem, precisamos recordar como é formada uma imagem digital.

Uma imagem digital (ou, ainda, imagem de *raster* ou bitmap) é formada por uma matriz de pontos luminosos comumente chamados de *pixels*. Cada *pixel* representa uma cor. A certa distância, um conjunto de *pixels* forma a imagem que vemos em um monitor e em outros *displays* eletrônicos. As cores são atribuídas aos *pixels* por meio de um valor numérico determinado pelo modo de cor atribuído a cada imagem.

Imagens em tons de cinza são formadas por um único canal, em que cada *pixel* pode representar um valor entre 0 e 255, sendo "0" referente ao preto; e "255" referente ao branco. Os demais valores preenchem, gradualmente, 254 tons de cinza.

Imagens coloridas ou RGB são aquelas presentes em *websites* e em animações. São formadas por três canais de cores, e cada *pixel* pode representar um valor (entre 0 e 255) para cada canal de cor, combinando-os simultaneamente.

> RGB representa os três canais primários no sistema de síntese aditiva (cor luz): *red, green* e *blue* (vermelho, verde e azul, respectivamente). Quando são misturados formam a cor natural da luz (branca). Nesse modo de cor, um pixel pode apresentar até 16 milhões de variações de cores (2.56³ = 16.777.216).

Alguns mapeamentos por imagem utilizam imagens em tons de cinza, e outros empregam imagens em RGB. Os valores matemáticos que compõem cada *pixel* representam um conjunto de informações capazes de diversas operações e efeitos. Muitos efeitos, máscaras e operações próprios dos programas de edição de imagem que envolvem camadas, por exemplo, usam o mapeamento por imagens em suas operações. Para o mapeamento por imagens, são determinantes o funcionamento e a influência do mapa sobre a malha poligonal.

Alguns mapas precisam ser criados para converter os detalhes da malha original em imagens e para a posterior projeção sobre a nova malha, são eles:

- mapa de texturas (*diffuse mapping*);
- *bump* e *normal mappings*;
- *ambient occlusion mapping*.

Texturização *(diffuse mapping)*

O uso mais comum e simples do mapeamento de imagens é a aplicação de texturas e de padronagens à malha poligonal e, geralmente, está associado ao *shader* difuso.

Texturas são padrões visuais, regulares ou irregulares, próprios de materiais naturais (em razão de seu processo de formação, quase sempre). Os veios de madeira, as tramas de um tecido e as ranhuras de mármore são exemplos de textura.

Em muitos casos, os detalhes visuais e as texturas são aplicados, diretamente, à malha poligonal durante o processo de escultura digital. Essa aplicação direta é denominada *texture painting* e segue os mesmos parâmetros da escultural digital – ou seja, o artista opera com pincéis virtuais customizáveis, incluindo cores, texturas e detalhes. Assim como a escultura digital, a *texture painting* é muito versátil, permitindo bastante liberdade artística. Além de pincéis tradicionais, é possível usarmos máscaras, estêncil e decalques e criar os mais variados detalhes.

Texturas também podem utilizar a aplicação de *bitmaps* e de *scans* (imagens digitalizadas) e, ainda, de texturas procedurais.

> Texturas procedurais são geradas eletronicamente, a partir de instruções matemáticas (algoritmos). Podem criar padrões regulares, como o de um tabuleiro de xadrez, e padrões totalmente aleatórios, como os veios de um mármore.

Em alguns casos, as texturas têm uma presença mais tátil (*háptico* é o termo correto), interferindo na superfície do material, como em uma cortiça e em um tecido grosso (textura da trama sobreposta à estampa, por exemplo). Nesses casos, é comum o uso de dois mapas: um para os aspectos visuais da textura, e outro para sua rugosidade diferenciada.

Bump e normal mappings

Bump e *normal mapping* são mapeamentos que influenciam a maneira como os raios de luz incidem sobre a superfície da malha poligonal. Simulam imperfeições e detalhes sobre superfícies poligonais planas.

O mapa do tipo *bump* é gerado a partir das rugosidades presentes na superfície de malha poligonal esculpida, permitindo sua projeção sobre a superfície retopolizada. Um *bump map* é ideal para a representação de detalhes com escamas, com pelugens baixas, com cicatrizes e com outras marcas de pele, com detalhes de terreno e com texturas orgânicas, como as das cascas de árvores, e minerais, como as das pedras.

O mapeamento do *bump* funciona por meio de uma imagem em tons de cinza. A variação de valor (0 a 255) controla a profundidade da rugosidade em relação à superfície do plano. Os valores próximos ao branco (valor 0) exercem pouca ou nenhuma influência sobre a superfície, e os valores próximos ao preto (255) exercem maior influência, produzindo detalhes mais relevantes.

Figura 2.6 – *Bump map* aplicado à malha poligonal

Leandro da Conceição Cardoso

Um *normal mapping* age de modo semelhante ao *bump mapping*, porém é mais sofisticado (é uma implementação tecnológica em relação ao *bump*). Além disso, o *normal mapping* usa imagens RGB no processo de mapeamento: "é um mapa RGB onde cada componente corresponde às coordenadas X, Y e Z da normal da superfície" (McDermott, 2018, p. 78, tradução nossa).

O canal vermelho (*red*) age sobre a coordenada X; o verde (*green*), sobre a Y; e o azul (*blue*), sobre a Z.

Os detalhes projetados pelo mapa de *bump* são estáticos, ao passo que os projetados pelo *normal map* interagem com a iluminação ambiente, trazendo mais realismo para a simulação dos detalhes. Detalhes mais sofisticados, como painéis de controle e de roupas – botões, costuras, bolsos etc. – são satisfatoriamente simulados com um *normal map*. Sua interação dinâmica com a iluminação permite resultados bastante bons: uma parede de pedra pode projetar sombras dinâmicas quando for iluminada com uma tocha, por exemplo.

Figura 2.7 – **À esquerda, textura difusa; à direita, seu *normal map***

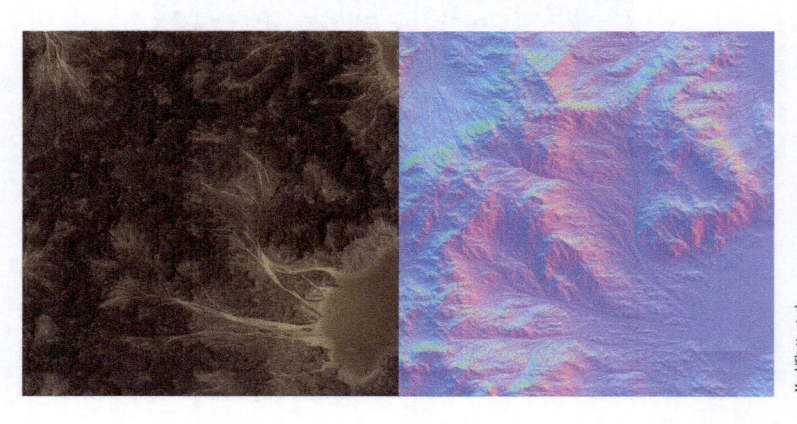

Ambient occlusion mapping

Mapas de oclusão de ambiente são usados para realçar os detalhes em uma malha poligonal. Funcionam por meio de cálculos da incidência dos raios luminosos e de seu comportamento em relação à malha, criando valores de cinzas para os detalhes mais profundos. Desse modo, tais mapas produzem sombras mais escuras em espaços estreitos (por exemplo, dentro das orelhas).

Figura 2.8 – **Mapa de oclusão de ambiente**

MarkOfShell/Shutterstock

Os diversos mapas criados são reunidos durante o desenvolvimento do material do personagem. Os diferentes detalhes preservados são aplicados à malha retopolizada, alcançando resultados visuais bem próximos aos do desenvolvimento original.

O uso de mapeamento por imagens é amplamente difundido em todos os detalhes da animação. Elementos de terreno, detalhes de cenários e acessórios de cena costumam ter seu detalhamento enriquecido com o uso dos mapas.

Para o *rigging*, a nova malha simplifica o trabalho de animação e o desenvolvimento dos movimentos.

2.5.2 Cozinhando texturas

Em computação gráfica, o desenvolvimento dos mapas para o mapeamento por imagens a partir de uma malha poligonal é conhecido como *baking* (cozinhar). É uma operação baseada em projeção, automatizada.

Programas de modelagem 3D que tenham uma *render engine* própria permitem a operação de *baking*. Além dessas opções, existem outras. É possível mapear a iluminação que incide sobre uma superfície, por exemplo, e criar mapas de altura (*heightmaps*) para o desenvolvimento de relevos.

> *Render engine* refere-se às aplicações responsáveis pelo processo de renderização da cena desenvolvida – isto é, sua projeção e sua conversão em imagem digital. Os principais programas de modelagem 3D oferecem uma *render engine* própria, mas também existem programas autônomos dedicados só à tarefa.

De maneira simplificada, cozinhar uma textura ou um mapa consiste na projeção das variações de iluminação e de áreas de sombreamento produzidas pelos detalhes na malha original (esculpida) no *layout* do mapa UV planificado.

A *render engine* faz uma varredura e processa as variações de luz, gerando o mapa de acordo com as configurações especificadas. Um arquivo de imagem digital será criado, organizando o mapeamento de acordo com o *layout* desenvolvido na planificação (UV *map*).

Programas de edição de imagens também são utilizados no desenvolvimento dos mapas. Nesse caso, o *layout* do mapa UV é exportado como arquivo de imagem e utilizado como referência em seu desenvolvimento. *Plug-ins* especiais estão disponíveis para o desenvolvimento de mapas mais sofisticados, como os *normal maps*. Retoques e pequenos acertos nos mapas desenvolvidos pela *render engine* são, geralmente, realizados nos programas de edição de imagem.

Uma vez que os detalhes foram preservados pela etapa de mapeamento, é preciso adaptar a malha retopolizada às particularidades e aos detalhes dos movimentos a serem desenvolvidos.

2.6 Correção e ajustes no *skinning*

Como vimos, o objetivo da retopologia é simplificar e harmonizar a malha poligonal do personagem modelado. O processo é genérico – isto é, não leva em consideração contingências particulares presentes no planejamento dos movimentos e das deformações pretendidos.

É preciso confrontar a nova malha com o esqueleto e suas junções, testar alguns movimentos e analisar se o comportamento da malha (sua flexibilidade) está de acordo com o planejado. Alguns *edge loops* têm um papel essencial na criação dos movimentos e na flexão das partes do personagem, pelo fato de que algumas juntas são mais complexas do que outras. No próximo capítulo, abordaremos as classificações das juntas e dos movimentos de flexão. Duas regiões na malha merecem atenção especial: (i) regiões de junção; (ii) regiões de contração. Para que os movimentos de flexão ocorram de modo orgânico, é necessário que haja uma concentração razoável de *edge loops* na região das juntas dos personagens. Poucos *edge loops* criam flexões duras, mecânicas, como se a malha estivesse sendo dobrada. É preciso acrescentar flexibilidade à região, agregando-lhe alguns *edge loops* que permitam a graduação da flexão, como em uma sanfona. Dessa forma, flexões angulosas se tornarão curvas e graduais, mais próximas da representação de organicidade pretendida.

A concentração de *edge loops* nas regiões de juntas não acarreta, necessariamente, um aumento de vértices da malha poligonal. Pode ocorrer por realocação de partes da malha, geralmente por deslizamento (*slide*) dos vértices. O aumento da densidade da geometria do modelo deve ser utilizado apenas como último recurso.

As outras regiões que merecem atenção dizem respeito à silhueta do personagem, ao seu desenho de maneira geral. Alguns movimentos, principalmente as contrações musculares, costumam produzir elevações e inchaços, inflando o volume da malha. Esse tipo de movimento é, quase sempre, curvo, esférico, como nas maçãs do rosto, que se elevam quando um personagem sorri, e como nos bíceps, que se contraem em personagens mais musculosos.

A distribuição dos *edges loops* nessas regiões é essencial para simular, corretamente, as contrações musculares. A flexão das junções do *rig*, por si só, não produz esse tipo específico de aumento de volume. Portanto, o efeito não é realista. Para garantirmos a simulação correta do comportamento muscular, é preciso criar outros mecanismos de deformação, manipulando, pontualmente, os *edge loops* ali localizados.

Por último, é preciso assinalar que o retoque na malha retopolizada pode ser feito antes do cozimento dos mapas (*baking*). Modificações muito acentuadas podem criar deformações nas texturas aplicadas; nesse caso, alguns mapeamentos precisarão ser corrigidos.

2.6.1 Aplicação e refino da *weight painting*

Como vimos no capítulo anterior, uma *weight painting* produz um mapeamento específico, conectando os ossos do *rig* aos vértices sob sua influência. Seu refino introduz, no sistema, nuances ao processo, trazendo mais organicidade às deformações e ao movimento.

O *weight painting* deve ser feito sobre a nova malha, e seu refinamento deve visar às particularidades e às complexidades de cada personagem. Os *edges loops* concentrados nas junções deverão ser assinalados gradualmente, balanceando a influência dos dois segmentos de junção que formam a flexão do movimento e evitando deformações indesejáveis.

2.6.2 Correções por *shape keys*

Shape keys (morph keys ou *blend keys*, a depender do *software*) permitem a criação de uma biblioteca de edições pontuais e de variações em partes da malha do personagem. Cada *shape key* gerada guarda uma variação na modelagem do personagem criado pelo animador, permitindo os mesmos movimentos de um *stop motion*. Por exemplo, um movimento de bocejo pode ser criado pela interpolação de duas *shape Keys*: uma para a boca fechada, e outra para a boca aberta.

Shape keys são ideais para simular as contrações musculares e para permitir correções pontuais e ênfases nos movimentos gerados. Devem ser criadas *shape keys* para os *edge loops* das regiões mais acentuadas do movimento muscular, simulando inchaços, corrigindo e sofisticando o comportamento da malha. É possível, por exemplo, introduzir veias saltando em personagem musculosos e exagerar expressões.

Nos capítulos seguintes, veremos como as *shape keys* são sincronizadas com o funcionamento do *rig*, criando animações mais realistas.

SÍNTESE

Neste capítulo, situamos com mais precisão o papel do *rigger* dentro da produção de uma animação. O desenvolvimento correto da etapa de *skinning* exige que o animador tenha uma perspectiva total da animação criada e de seus aspectos técnicos e expressivos.

O *skinning* garante a implementação técnica de objetivos estéticos propostos pela direção de arte e pelo *design* de produção. Permite, ainda, que a computação gráfica desenvolva corretamente a linguagem própria da animação, implementando seus recursos expressivos conforme a pretensão de seus animadores.

Apresentamos os *princípios fundamentais da animação* e algumas técnicas desenvolvidas ainda na época da animação tradicional (analógica), como a animação planejada, que fundam e orientam toda a linguagem da animação e são essenciais para o desenvolvimento do *rigging* e para a criação dos movimentos e de cenas.

Ainda, destacamos que a animação digital se divide em duas categorias técnicas principais, definidas pelo seu processo de renderização: as animações com renderização *off-line*, representadas pelas produções realizadas para o cinema, para a *web* e para a televisão; e as animações renderizadas em tempo real, próprias dos *video games* e das simulações de pré-visualização. Em ambas, o processamento computacional é um fator determinante para a realização da animação produzida.

As animações em tempo real, particularmente, exigem alto grau de otimização em todas as etapas de sua produção e de sua execução. Para garantir sua implementação, foi necessário desenvolver técnicas como a retopologia e o mapeamento de imagens. Essa abordagem otimizada não é exclusiva da animação para jogos eletrônicos, mas também viabiliza as realizações de animadores independentes e de pequenos estúdios. Por isso, devem ser dominadas por todos os animadores.

O *skinning* estabelece a ponte entre a liberdade criativa necessária nas etapas iniciais de animação e a adequação técnica inerente à implementação computadorizada. Em muitos casos, as técnicas que facilitam o processo criativo acabam dificultando o trabalho do *rigger*. A escultura digital vem se estabelecendo como a principal técnica no desenvolvimento de personagens e na *concept art*, tanto para o cinema *live action* quanto para a animação. Infelizmente, a riqueza de detalhes e a densidade de malha poligonal produzidas pela escultura digital inviabilizam muito os processos da animação.

A retopologia foi introduzida para garantir o desenvolvimento dos movimentos e das animações criados pelo *rigger*. A técnica consiste em redesenhar uma nova malha poligonal mais simples e em regulá-la a partir da malha original. A retopologia foi associada à técnica de mapeamento de imagens por meio da planificação controlada da malha poligonal e da projeção dos detalhes por meio de mapas UV – mapas de textura, *bump*, normal e oclusão ambiental, que garantem a conservação e a simulação dos detalhes desenvolvidos na etapa de criação de personagem.

Por último, evidenciamos como todo o processo demanda ajustes pontuais e aperfeiçoamentos. A vinculação da nova malha ao esqueleto do *rig* exige um aprimoramento final, para que animador desenvolva as primeiras poses e os primeiros movimentos.

O ajuste e a realocação de *edge loops* suavizam a deformidade nos pontos de flexão das juntas, ao passo que a aplicação pontual de *weight painting* e a criação de detalhes específicos por meio de *shape keys* enriquecem o realismo dos movimentos desenvolvidos.

DESENVOLVIMENTO DO *RIGGING*

Neste capítulo, daremos continuidade ao desenvolvimento do *rigging*, aprofundando nossa abordagem com a criação de um esqueleto. Desenvolveremos uma armação básica para personagens humanoides, a partir da análise de um esqueleto humano e algumas características de seu funcionamento. Uma vez que esteja pronto, o esqueleto padrão pode ser facilmente adaptado para as proporções e para as características de cada personagem.

Como vimos anteriormente, um *rig* reúne recursos que auxiliam os animadores no desenvolvimento dos movimentos e das deformações previamente planejadas que compõem a animação. Um desses recursos é o conjunto de eixos e de junções que formam a armação ou o esqueleto do personagem. Os *softwares* especializados ou com uma sessão dedicada à animação 3D disponibilizam objetos do tipo "osso", próprios para o desenvolvimento do *rig*. Os objetos do tipo armação ou osso são desenvolvidos para funcionar como vetores, orientando as transformações da malha poligonal associada.

> Programas de modelagem 3D disponibilizam diversos tipos de objetos: os mais comuns são as malhas poligonais, as curvas e as superfícies (NURBS). Objetos nulos (*empties* ou *nulls*), treliças (*laticce*), câmeras e luzes têm, cada um, características e funcionamentos específicos. Programas de simulação oferecem, ainda, sistemas de partículas e até mesmo campos de força, influenciando seu próprio funcionamento.

Como vetor, um "osso" apresenta três características essenciais:

1. ossos não têm superfície ou materialidade prática, portanto, não aparecem na animação renderizada;
2. têm uma origem, ou seja, um posicionamento espacial a partir de suas coordenadas (x, y, z), o que permite a realização de transformações;
3. têm um sentido, um direcionamento: sua extremidade inicial é chamada *cabeça* ou *raiz* (*head* ou *root*), e sua extremidade posterior, de *ponteira* ou *cauda* (*tip* ou *tail*); seu sentido ocorre da cabeça para a calda (ou da raiz para o topo); e, em geral, a cabeça do osso funciona como pivô, determinando seu eixo de rotação.

Figura 3.1 – **Estrutura de um osso**

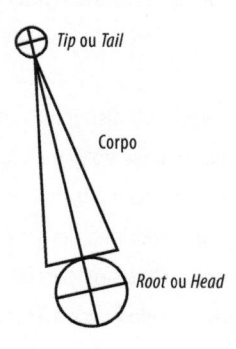

Tip ou *Tail*

Corpo

Root ou *Head*

O conjunto de ossos forma um esqueleto. Assim como os esqueletos naturais, os esqueletos de *rig* são arranjados para desenvolver, junto aos músculos e aos tendões, flexões e dobras, conforme a configuração dos seus encaixes (junções). Objetos do tipo "osso", além de funcionar como vetores, estão programados para funcionar em conjunto, permitindo o desenvolvimento de junções – uma junção é formada pela cauda do osso anterior e pela cabeça do osso seguinte.

A cadeia formada pelos segmentos obedece a um sentido de influência (ou hierarquia) conhecido como *parenting* (paternidade). Nesse arranjo hierárquico, o osso "pai" influencia as transformações do osso "filho".

> A melhor maneira de ilustrar como funciona o *parenting* é imaginarmos a relação entre uma grávida e seu filho. Embora o bebê tenha certa liberdade de movimentos dentro da barriga da mãe, está condicionado a seus movimentos. Se a mulher se deslocar, por exemplo, o bebê não tem alternativa a não ser acompanhar sua mãe.

Com os ossos do *rig*, acontece o mesmo: as transformações do osso "pai" influenciam todos os ossos subordinados (filhos). Mesmo as mãos, que têm certa liberdade de movimentos, estão atadas ao antebraço na altura do punho. Transformações no antebraço afetam a mão conectada diretamente.

Veremos adiante que a hierarquia em cadeia, apesar de ser formada por um padrão, pode ser modificada em função das exigências de cada movimento desenvolvido.

3.1 Design do *rig*

Ainda que o desenvolvimento do *rig* parta da observação e da simulação de exemplos naturais, há outras mais premissas em seu desenvolvimento que o *rigger* deve levar em consideração.

Um *rig* não é um esqueleto: seu desenvolvimento (tanto no sentido da programação quanto no de sua aplicação) baseia-se no funcionamento de um esqueleto orgânico (real), mas nossa armação tem objetivos e funcionamento próprios.

> No capítulo anterior, conhecemos os **12 princípios fundamentais da animação**. Assim como no desenvolvimento da pele (*skinning*), os princípios fundamentais também orientam o desenvolvimento do *rig*.

Nossa armação, com outros recursos, forma um sistema de controle, uma ferramenta para auxiliar o animador no desenvolvimento da animação. Um *rig* não é um fim, é um meio e precisa ser projetado a partir dessa perspectiva. Muitas vezes, o *rigger* desenvolve um *rig* para outros animadores e, portanto, deve também planejar a funcionalidade e a acessibilidade do aparelho.

Se, no corpo humano, ossos, músculos e tendões trabalham em conjunto, no desenvolvimento dos movimentos, precisamos criar um paralelo com as ferramentas do *rig* e determinar qual função cabe a cada uma de suas ferramentas. O esqueleto do *rig* tem as funções de criar eixos de movimento e de determinar a posição das junções. Detalhes anatômicos, deformações e inchaços devem ser controlados por outros recursos, como *shape keys* e *vertex groups*.

Um bom *design* deve ser de fácil compreensão e permitir uma manipulação intuitiva, assim, um esqueleto, mesmo um que permita uma grande variedade de movimentos, deve ser simples e ter o número correto de articulações. No desenvolvimento do esqueleto, o *rigger* deve analisar suas referências, entendendo como cada conjunto de ossos participa dos movimentos, e determinar uma versão funcional do mecanismo para seu *rig*.

| O *rig* não se trata de uma representação do esqueleto, mas sim de uma simulação de seu funcionamento.

3.2 O corpo humano

O esqueleto humano contém 206 ossos, é uma das estruturas mais complexas da natureza, e seu funcionamento, apesar de ser familiar para nós, é bastante complicado. Um dos trunfos da animação que garantiu seu sucesso foi, justamente, a estilização da figura humana, sua transcrição para uma realidade mais gráfica.

Nossos modelos em 3D apresentam uma constituição plástica, são maleáveis e não precisam lidar com a gravidade e com qualquer outro problema do mundo natural. Muitos ossos do corpo humano têm funções de estrutura e de proteção. Alguns, inclusive, participam muito pouco do desenvolvimento dos movimentos. O esterno e as costelas são um bom exemplo disso: protegem o coração e os pulmões, mas não participam de nenhum movimento de flexão.

Para nosso *rig*, vamos simplificar esse sofisticado mecanismo, de modo que seu uso tenha uma aplicação mais fácil para a animação.

Figura 3.2 – **Esqueleto humano**

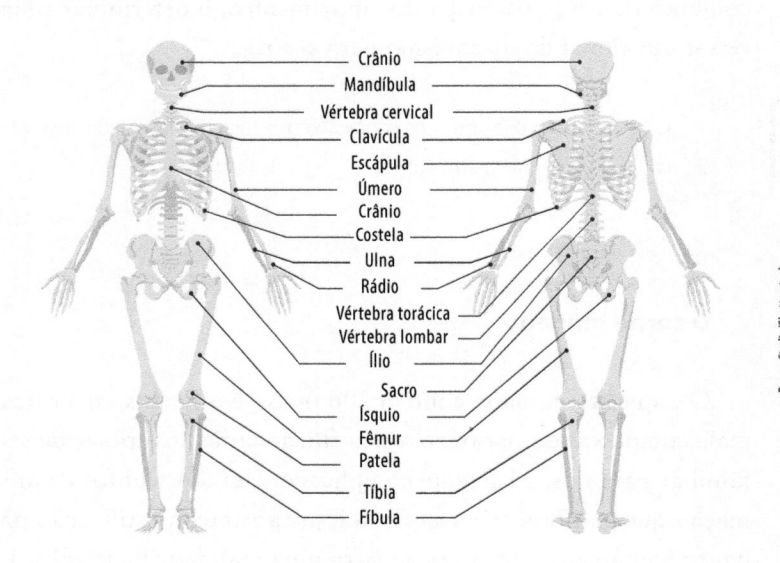

- Crânio
- Mandíbula
- Vértebra cervical
- Clavícula
- Escápula
- Úmero
- Crânio
- Costela
- Ulna
- Rádio
- Vértebra torácica
- Vértebra lombar
- Ílio
- Sacro
- Ísquio
- Fêmur
- Patela
- Tíbia
- Fíbula

PegasusStudio/Shutterstock

3.2.1 **Eixos de funcionamento**

O esqueleto se subdivide em dois: o **axial** e o **apendicular**:

O **esqueleto axial** possui 80 ossos, fica no centro do corpo, sendo formado pelos ossos da cabeça, coluna vertebral, esterno e costelas. O **esqueleto apendicular** apresenta 126 ossos, sendo formado pelos ossos que formam os cíngulos superior (cintura escapular) e inferior (cintura pélvica), que conectam os membros ao esqueleto axial, e pelos ossos dos membros superiores e pelos ossos dos membros inferiores. (Nascimento-Júnior, 2020, p. 24)

O esqueleto axial funciona como eixo para o corpo humano, é onde se localiza a espinha dorsal, que se prolonga desde a região pélvica até a cabeça. Podemos reduzir nosso esqueleto para apenas cinco segmentos: cabeça, pescoço, tórax, abdômen e bacia, esse é o chamado *eixo principal*. O esqueleto apendicular também será reduzido, como veremos a seguir.

Neste primeiro momento, não precisamos nos preocupar com as articulações faciais. Embora a caixa torácica (peitoral) e a bacia (região do quadril) tenham um papel importante no desenvolvimento do volume do corpo, nosso eixo principal se preocupará apenas com as proporções de cada segmento em relação à sua verticalidade. O importante, aqui, é determinar a extensão (vertical) de cada osso em conformidade com o *design* do personagem. Cada osso deve ser posicionado de modo que suas articulações funcionem corretamente.

Os ossos que formam a cintura escapular – clavículas e escapulas – e os que formam a cintura pélvica – ilíacos, sacro e o cóccix – ligam os membros superiores e inferiores ao esqueleto axial, mas têm pouca utilidade prática para nosso esqueleto, por isso, serão suprimidos.

Os membros superiores (braços) serão reduzidos a apenas quatro segmentos cada um: braço, antebraço, mãos e dedos. Por sua vez, os membros inferiores (pernas) serão reduzidos a três segmentos cada um: coxa, perna e pé.

3.2.2 Eixo principal

Nosso eixo principal é muito simples: um eixo vertical composto por cinco segmentos. Adicionaremos o primeiro segmento, correspondente à região pélvica ou quadril, e seguiremos adicionando o restante: um para o abdômen, um para o tórax, o próximo para o pescoço e, por último, um para a cabeça, o qual tem a função de eixo de rotação e de flexão, trabalhando junto ao segmento do pescoço.

O *parenting* do eixo criado tem, como "pai", o primeiro segmento (quadril), e sua filiação se estende até a cabeça (5ª geração).

Figura 3.3 – ***Parenting* do eixo principal**

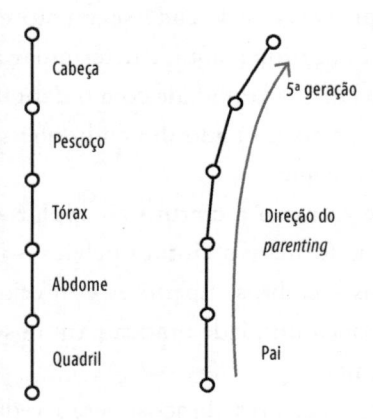

As proporções entre as partes do eixo principal ainda não foram definidas, de modo que podemos, por enquanto, criar uma distância igual para cada segmento. É importante nomear cada segmento de maneira apropriada, para facilitar todo o trabalho de configuração junto à malha poligonal quando implementarmos o *rig*. Estúdios costumam criar um padrão para a nomeação dos segmentos do *rig*; alguns adotam termos do inglês ou abreviaturas.

3.2.3 Desenvolvimento dos membros

Começaremos desenvolvendo os membros do lado direito do corpo. Precisaremos apenas de três segmentos independentes do eixo principal, por enquanto. Iniciaremos pelo antebraço; em seguida, afixaremos o braço e a mão. A cabeça do primeiro segmento terá a função de ombro, e o segmento mão, por agora, corresponderá apenas à sua extensão vertical. Detalharemos o *rig* da mão mais adiante. Nomearemos os elementos de nosso conjunto *antrebraço_D*, *braço_D* e *mão_D*. A perna segue construção similar à do braço. Criamos três segmentos e nomeamos como *coxa_D*, *perna_D* e *pé_D*.

> Alguns sistemas evitam o uso de caracteres especiais, como til e cedilha, termos em inglês são amplamente adotados, utilizando o *underline* como espaço, no entanto, mantivemos os caracteres especiais e os termos em português, a título de didática.

Por último, precisamos conectar os membros criados ao eixo principal (estrutura axial), para isso vamos criar um tipo especial de *parenting*. No desenvolvimento do esqueleto, é possível conectar dois ossos sem, necessariamente, criarmos uma junção. Isso significa que um osso estará conectado ao outro sem uma junta de flexão. Esse tipo de *parenting* é chamado de *deslocado* (*offset*), o qual geralmente é indicado por uma linha tracejada entre os dois segmentos.

Para o membro superior (braço), criaremos uma conexão entre o antebraço e o tórax. Para o membro inferior (perna), haverá uma conexão entre a coxa e o quadril. O deslocamento horizontal tanto do braço quanto da coxa fará o papel da cintura escapular e da cintura pélvica, respectivamente, eliminando alguns ossos.

Figura 3.4 – **Ligação dos primeiros ossos ao esqueleto axial**

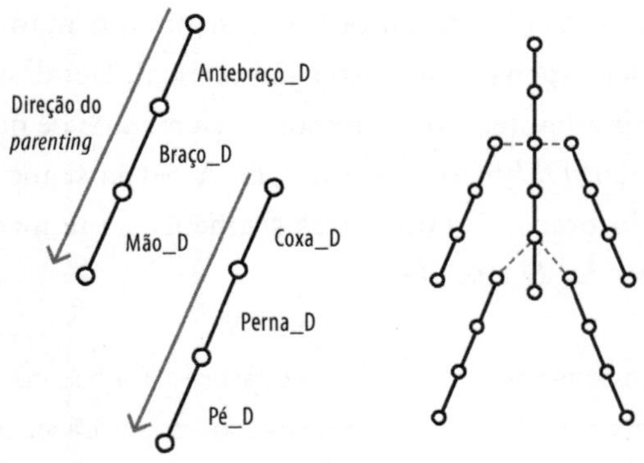

O desenvolvimento do lado esquerdo do corpo será feito por espelhamento, que cria uma cópia rebatida e simétrica dos membros originais. Alguns *softwares* oferecem opções automatizadas de espelhamento, poupando tempo para o *rigger*.

Por último, é preciso rebatizar os novos ossos, substituindo o afixo "_D" por "_E" em cada segmento: *antrebraço_E, braço_E* e *mão_E,* para o braço; *coxa_E, perna_E* e *pé_E*, para a perna.

> Nos dois primeiros capítulos, abordamos diversos recursos relacionados ao *rigging*. Você se lembra por que é importante criarmos um sistema e nomearmos cada segmento de osso de nosso *rig*?

Além de nomearmos cada segmento, é necessário que o *rigger* mantenha o alinhamento entre seus eixos, evitando distorções e mal funcionamento das junções.

3.2.4 Pose T e pose Y

No *workflow* da produção de animação, é importante adotar padrões que facilitem a integração entre as diversas etapas de desenvolvimento. O esqueleto desenvolvido na fase do *rigging* será implementado à malha poligonal preparada na fase de *skining*, e o conjunto será manipulado pelo animador.

No desenvolvimento de personagens, a equipe de animação costuma adotar um padrão, uma posição inicial que será utilizada durante todo o desenvolvimento. Duas posições são adotadas com bastante frequência pelos animadores:

1. *Posição T* – nessa posição, o modelo é desenvolvido de pé, com os braços estendidos em sentido perpendicular em relação ao seu tronco, com os pés levemente afastados.

2. *Posição Y* – o modelo é desenvolvido de pé, com os braços levemente abertos em um ângulo de 45° em relação ao seu tronco, e seus pés permanecem levemente afastados.

Figura 3.5 — **À esquerda, posição T; à direita, posição Y**

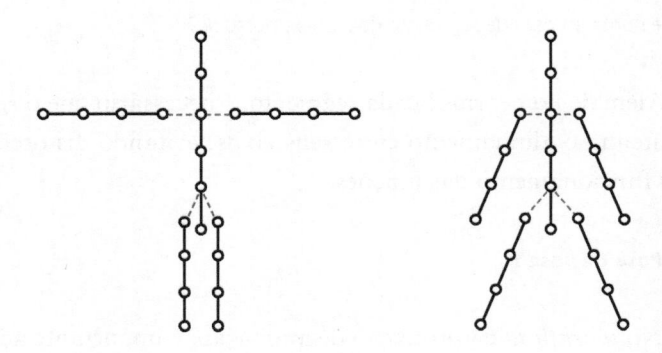

As posições T e Y também são chamadas de *posições de transição* (*bend pose*) e foram desenvolvidas para facilitar o trabalho do animador e para evitar erros:

> O raciocínio por trás disso é que é mais fácil não ter nenhuma parte do modelo sobreposta. [...] Se os braços estiverem retos e você estiver tentando prender a pele às articulações, você pode acidentalmente prender o quadril ou a perna nas articulações do braço. (Chopine, 2011, p. 89, tradução nossa)

Alguns animadores acreditam que a posição T deforma os ombros do personagem, compactando-os junto ao tronco, e, por isso, migraram para a posição Y, que consideram mais natural: colocam-se os ombros em uma posição inicial mais natural, enquanto se mantém a distância entre os braços e as pernas necessária para o *skining*, ficando em uma postura de médio alcance para reduzir a distorção durante a pose (Chopine, 2011).

As posições de transição facilitam as etapas de *skining* e a adaptação do *rig* à malha, bem como o acesso e a criação dos grupos de vértices e de *edge loops* e a aplicação da *weight painting*. Nosso esqueleto genérico está pronto, embora seja bastante desajeitado e não apresente automação e ajustes de suas funcionalidades. Nesse estágio, o *rig* permite que o animador manipule o personagem, mas de maneira bastante simples. Para animadores que preferem uma abordagem mais artesanal, esse *rig* já é o bastante, pois permite a criação de todos os movimentos e o desenvolvimento de animações do tipo *pose a pose,* em que o animador deforma o personagem e registra os *key frames*.

Devemos lembrar que as funções do *rig* são possibilitar a manipulação do personagem e implementar recursos de automação ao processo. Os recursos de automação não só facilitam o desenvolvimento dos movimentos, mas também impedem deformações e erros na malha. Nesse estágio, o bom funcionamento do *rig* está nas mãos do animador, que precisa contar com suas habilidades e com sua intuição para criar cada posição.

Devemos, agora, adaptar as proporções do esqueleto ou personagem desenvolvido. Usaremos um modelo de madeira, localizando suas junções e reposicionando as hastes do *rig*. A maioria dos ajustes será na altura de cada segmento, mas, como se trata de um modelo 3D, precisaremos fazer alguns ajustes horizontais também.

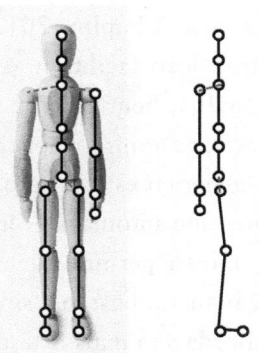

Figura 3.6 – **Reposicionamento de hastes e ajustes no *rig***

3.3 Aperfeiçoando o *setup* do *rig*

Com as junções posicionadas, é preciso entender como funcionam os segmentos e definir quais movimentos realizam e quais limitações precisam ser implementadas, a fim de facilitar os processos de funcionamento e de automação.

Mais uma vez, o trabalho do animador se equilibra entre a observação da natureza e a linguagem da animação. Vamos conhecer um pouco o funcionamento do corpo humano, mas sem perder de vista que alguns aspectos devem ser sintetizados em razão das particularidades da animação.

3.3.1 **Juntas e flexões**

Para configurar corretamente nosso esqueleto, precisamos entender um pouco mais seu funcionamento. No corpo humano, são encontrados seis tipos de juntas e de articulações, que são dotados de uma gama de movimentos e de limitações próprios: (i) articulações planas; (ii) articulações pivotantes; (iii) juntas de dobradiça; (iv) articulações esféricas; (v) juntas de sela; (vi) articulações condiloides. Vejamos essas juntas com detalhes a seguir.

Articulações planas

São formadas por superfícies planas ou ligeiramente curvas. Esse tipo "permite apenas uma pequena quantidade de movimento, cerca de 90 graus para trás e para frente e cerca de 45 graus de um lado para o outro" (Roberts, 2004, p. 51, tradução nossa). As articulações dos pulsos e dos tornozelos são exemplos de articulações planas; as mãos se articulam para frente e para trás com relativa liberdade, mas sua articulação lateral é bastante limitada.

Articulações pivotantes ou trocoides

Permitem o movimento de rotação, como o da cabeça (*atlantoaxial*), por exemplo:

> A articulação trocoide realiza movimento de rotação, ou seja, uma extremidade em forma de anel de um osso se articula na superfície de outro osso. Esse tipo de juntura se movimenta em apenas um plano, sendo chamada monoaxial. Como exemplos dessa articulação, têm-se a articulação radioulnar proximal e a articulação atlantoaxial.
> (Nascimento-Júnior, 2020, p. 63)

A articulação *radioulnar* refere-se ao movimento de rotação do braço, portanto, toda a complexidade de articulação das mãos é possível graças à combinação da articulação plana do pulso com a articulação pivotante do braço. É chamada de *monoaxial*, pois permite a rotação a partir de seu eixo.

Juntas de dobradiça ou articulações do tipo gínglimo

Trata-se do tipo que "realiza movimentos de abertura e fechamento, de extensão e flexão, semelhante a uma dobradiça. Esse tipo de juntura se movimenta em apenas um plano, sendo chamada monoaxial. Como exemplos dessa articulação se tem o joelho, o cotovelo, o tornozelo, as interfalângicas" (Nascimento-Júnior, 2020, p. 63).

As articulações interfalângicas, por exemplo, são responsáveis pela flexão dos dedos, dotando-os da capacidade de abrir e fechar, o que nos possibilita agarrar objetos.

Articulações esféricas ou esferoides

São de um tipo também conhecido como *articulação de soquete*, o qual "permite uma grande quantidade de movimento circular na maioria das direções. Uma esfera na extremidade de um osso se encaixa em uma escavação esférica na extremidade do outro osso" (Roberts, 2004, p. 52).

É a articulação mais versátil da anatomia. De acordo com Nascimento-Júnior (2020, p. 63), "realiza movimentos como flexão, extensão, adução, abdução, rotação axial e circundação, sendo considerada triaxial (poliaxial). Como exemplos dessa articulação, têm-se a articulação do ombro (glenoumeral) e a articulação do quadril (coxofemoral)".

Juntas de sela

Resultam de uma combinação entre a junta de dobradiça e a articulação esférica: "Esse tipo de juntura realiza movimentos variados como flexão, extensão, adução, abdução e circundação, sendo considerada biaxial" (Nascimento-Júnior, 2020, p. 63). Os movimentos do dedão da mão e a flexibilidade dos pés se devem às juntas de sela.

Articulações condiloides, condilares ou elipsoides

Esse tipo de juntura realiza movimentos variados, como flexão, extensão, adução, abdução e circundação, sendo considerada biaxial. Exemplos desse tipo de juntura são a articulação radiocarpal (punho) e a articulação temporomandibular (ATM) (Nascimento-Júnior, 2020).

Aplicando articulações ao *rig*

Analisaremos ponto a ponto nosso esqueleto e esboçaremos seus tipos de articulações e de movimentos. Começando pela cabeça, percebemos que esse segmento realiza dois movimentos de rotação, tendo o pescoço como eixo: um ocorre no sentido horizontal, com uma abertura de aproximadamente 180°; e outro acontece no sentido vertical, para cima e para baixo, com uma abertura de um pouco mais de 90°.

Junto ao pescoço, a cabeça realiza um movimento pendular, permitindo que quase toque os ombros de lado a lado. Dependendo do *design* do personagem, será necessário ajustar a *weitgh paint*, refinando a participação do pescoço nos movimentos da cabeça.

Todo o conjunto axial (cabeça, pescoço, tórax, abdômen e quadril) tem um movimento de rotação a partir do próprio eixo, com amplitude superior a 180°, flexionando-se para frente, em um ângulo maior do que 90°, e para trás, com pouca curvatura.

Os ombros realizam amplos arcos de rotação do braço (360°), permitindo aberturas em quase todas as direções, ao passo que o movimento de rotação do antebraço acontece a partir do próprio eixo, contribuindo para a rotação do braço. Antebraço e braço criam uma flexão do tipo dobradiça de quase 180°, possibilitando que a mão encoste no ombro. O movimento de rotação do braço a partir do próprio eixo permite a rotação da mão em uma abertura de quase 180°. Já os punhos giram quase totalmente e possibilitam a flexão das mãos para cima e para baixo, em um ângulo levemente maior do que 90°.

As pernas, por sua vez, têm um ângulo de rotação a partir do próprio eixo de um pouco mais de 90° de abertura. O joelho permite, para trás, uma flexão do tipo dobradiça entre a coxa e a perna com abertura próxima de 150°, ao passo que o conjunto ligado pelo calcanhar possibilita uma leve flexão dos pés de 20°. As pernas têm, também, um movimento de amplitude, flexionando-se, a partir do quadril, para frente e para o lado, em um ângulo de mais de 90°. Para trás, o ângulo é de, aproximadamente, 30°.

Muitos dos movimentos listados não acontecem isoladamente quando movemos nossos corpos. Por isso, em nosso trabalho, é preciso criar cadeias de movimento para lhes conferir mais naturalidade. Ao flexionarmos a perna para trás, por exemplo, é inevitável não projetarmos o tronco para frente, buscando mais equilíbrio e ampliando o movimento. No fim das contas, a perna fixada ao solo flexionará o quadril, permitindo a projeção da outra perna para trás.

A complexidade dos movimentos das mãos só é possível graças à interação do braço com o antebraço. O conjunto trabalha para permitir que as mãos tenham o maior número possível de movimentos.

Uma abordagem meramente mecânica dos movimentos e das flexões de cada segmento pode funcionar no desenvolvimento de um robô e na criação de movimentos mecânicos, de peças de encaixe, de animatrônicos etc. No entanto, para a criação de movimentos humanos, devemos pensar na interação entre as diversas partes. O movimento de andar, por exemplo, é realizado pelas pernas, com flexões pontuais dos joelhos e dos calcanhares, mas, inevitavelmente, envolve o balanço dos braços, o mover dos ombros, a projeção do tronco etc.

3.4 Inverse kinematics (IK)

Como vimos anteriormente, ao criarmos um segmento de ossos, por padrão, estabelece-se uma relação direta de *pareting*: o osso original predomina sobre todo o conjunto, ao que chamamos de *cinemática direta (forward kinematics* ou *FK)*. Contudo, nem sempre a cinemática direta atende ao desenvolvimento de movimentos orgânicos.

Evolutivamente, as extremidades dos membros e os apêndices se desenvolveram para auxiliar na interação dos seres vivos com o mundo à sua volta. Nesse sentido, apresentam maior concentração de terminações nervosas e articulações; por isso, assumem o protagonismo quando realizam os mais diversos movimentos. A tromba dos elefantes e nossas mãos são exemplos disso, embora, do ponto de vista do movimento mecânico, estejam subordinadas aos segmentos que as ligam ao resto do corpo.

Inverter a ordem cinemática (ou parte dela) resgata o protagonismo das extremidades dos membros e, ainda, acrescenta naturalidade aos movimentos e intuição à sua operação, facilitando o trabalho do animador. A *inverse kinematics* (cinemática inversa ou, simplesmente, *IK*) é uma *constraint* desenvolvida para solucionar esse problema, propiciando que transformações na extremidade do membro (mãos, pés) influenciem todo o resto do corpo.

É possível aplicarmos uma IK a todo o nosso *rig* de modo automático ou, em vez disso, refinarmos sua influência ponto a ponto. Como todo recurso automático, ganha-se tempo com sua implementação, mas o resultado nem sempre atende totalmente às nossas expectativas.

Em um esqueleto com configuração semelhante à do nosso, com os membros desconectados do tronco (*offset parenting*), uma IK automática agrega certa funcionalidade aos movimentos das mãos e dos pés. Entretanto, como não haverá interação com o tronco, deformações no ombro, por exemplo, podem não ficar naturais.

Uma IK automática cria ancoragem da mão com a cabeça do antebraço (na junção do ombro), de modo que a interação entre os segmentos acontece a partir dessa ancoragem, limitando a interação do movimento ao próprio membro. Por outro lado, um simples movimento de cabeça pode influenciar todo o corpo de maneira um tanto dramática, dificultando seu controle. Mesmo estando desconectado, o tronco ainda terá influência sobre os membros.

Uma maneira de refinar o funcionamento de uma IK automática é limitarmos algumas transformações dos segmentos. Todo *software* de modelagem 3D oferece a possibilidade de limitarmos, parcialmente, as transformações de um objeto; geralmente, a opção de bloquear uma transformação é assinalada por um ícone de cadeado. É possível limitarmos uma transformação inteira ou somente umas de suas coordenadas (x, y, z). Como exemplo, podemos limitar a rotação da perna, se nosso interesse for somente criarmos flexões básicas para um movimento de caminhada.

| Como regra geral da animação, bloqueie tudo o que não for animado.

3.4.1 Uma IK básica para os braços

Uma *constraint* de cinemática inversa pode ser atribuída a um ou mais segmentos específicos, permitindo um controle mais sofisticado do recurso. Criaremos uma simples IK para o braço, tornando seu movimento mais preciso.

| Você consegue lembrar o que é uma *constraint*? É um recurso que possibilita controlar e limitar as propriedades de um objeto, utilizando valores estáticos ou outro objeto como parâmetro.

Como vimos, o movimento das mãos depende, em grande parte, do movimento do braço. Por isso, introduziremos o IK no segmento do braço. Ao atribuirmos um *constraint* de IK em um segmento, precisamos definir seus parâmetros de atuação. Como *target*, definiremos o segmento da mão; e, em seguida, definiremos o alcance da interação entre a mão e o resto do esqueleto. Por padrão, a mão interagirá com todo o esqueleto, mas precisamos limitar sua interação ao ombro.

Nesse ponto, é possível que tenhamos uma situação conhecida como *dependência cíclica*: um curto-circuito na hierarquia do *parenting* que impossibilite o sistema de definir o fluxo de interação. Para resolvermos a dependência cíclica, devemos retirar o segmento da mão da cadeia do *parenting*, tornando-a um segmento independente. Com o problema resolvido, criamos um sistema cinemático balanceado, formando um fluxo natural de interação até o ombro.

No entanto, uma vez que desconectamos o segmento da mão, haverá liberdade para se mover além da junção do pulso, deformando-se com um efeito elástico. Para resolvermos esse novo problema, introduziremos um segmento de controle em nosso *rig*.

3.4.2 Segmento de controle

Segmentos de controle nos lembram que o *rigging* não se limita apenas à criação de um esqueleto para nossos personagens. Em muitos casos, é preciso implantar segmentos que auxiliem na manipulação da malha. Em nosso caso, criaremos um segmento de controle para impedir que o segmento mão se desprenda do pulso. O processo ocorre em três etapas simples:

1. reconectaremos o segmento mão ao braço;
2. criaremos um segmento e o batizaremos de *mão_D_IK*, para o identificarmos como segmento de controle;
3. corrigiremos a configuração de IK do braço e atribuiremos o novo segmento como *target*.

> Os programas de animação costumam oferecer opções de customização na aparência dos segmentos. É possível atribuir as mais diversas formas, como caixas, cruzetas de eixos, setas e quaisquer outras que o animador prefira. O *design* do *rigging* precisa oferecer uma interface que facilite o trabalho do animador. A customização dos segmentos de controle é uma excelente iniciativa nesse sentido.

Para tornar o segmento de controle ainda mais funcional, acrescentaremos mais uma *constraint* ao *rig* – esse recurso, de maneira geral, permite o refinamento das configurações do *rig*. Agora, implantaremos uma *constraint* de rotação no segmento da mão, fazendo com que siga a rotação do segmento de controle.

Por último, para refinarmos ainda mais o movimento do braço, criaremos mais um segmento de controle, com a função, desta vez, de orientar o movimento do cotovelo. Esse segmento funciona como um vetor de polo e deve ser posicionado perpendicularmente ao cotovelo e identificado como polo, no mesmo segmento em que aplicamos o IK.

A cinemática inversa da perna segue uma lógica similar à do braço. Nesse caso, criaremos uma *constraint* de IK para o segmento perna, um segmento de controle posicionado atrás do calcanhar. O segmento de polo ficará à frente do joelho.

Figura 3.7 — **Cinemática inversa da perna**

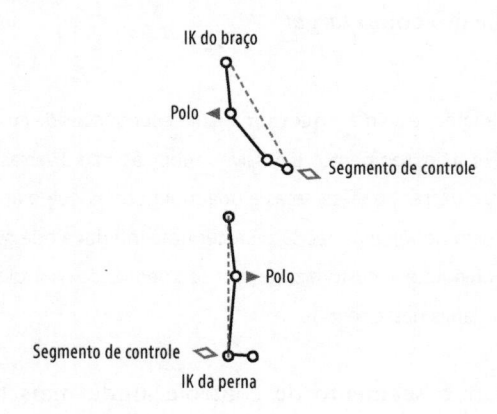

3.5 Versões do *rig*

Como afirmamos anteriormente, o desenvolvimento do *rig* deve atender a funções específicas. Cada *rig* deve apresentar um *design* específico em função de sua finalidade, um esqueleto genérico demais pode não realizar corretamente sua função, por exemplo. Entretanto, oferecer-lhe detalhes excessivos pode dificultar sua implantação.

Nesse sentido, é preciso definir o estilo de movimentos de cada personagem e criar versões do *rig* básico que atendam a cada um. Uma animação de luta, por exemplo, exige maior riqueza de movimentos do que um simples caminhar. Por sua vez, personagens cartunescos exigem um balanço mais intenso do que os mais realistas. Cada particularidade de movimento pede um conjunto de soluções próprias, uma personalização do *rig* muito mais complexa do que um simples reajuste de proporções. Casos extremos, como de movimentos de luta, podem exigir algum sistema de captura de movimentos.

> A captura de movimentos é usada, há muito tempo, pela indústria da animação, seja de modo empírico, seja pelo uso de tecnologia. Uma das técnicas mais comuns se baseia no reconhecimento de padrões por imagem. Os movimentos de um ator são captados e convertidos em dados digitais. Em geral, emprega-se algum recurso de *imagem tracking*, como roupas especiais com sensores ou simplesmente pontos visuais distintos, possibilitando seu reconhecimento como pontos de ancoragem.

3.6 *Rig* das mãos

Um *rig* mais detalhado das mãos pode ser criado a partir das mesmas premissas de nosso *rig* básico. O primeiro passo é identificar os segmentos que, efetivamente, participam dos movimentos e simplificar o que for possível.

Figura 3.8 – **Esqueleto de uma mão humana**

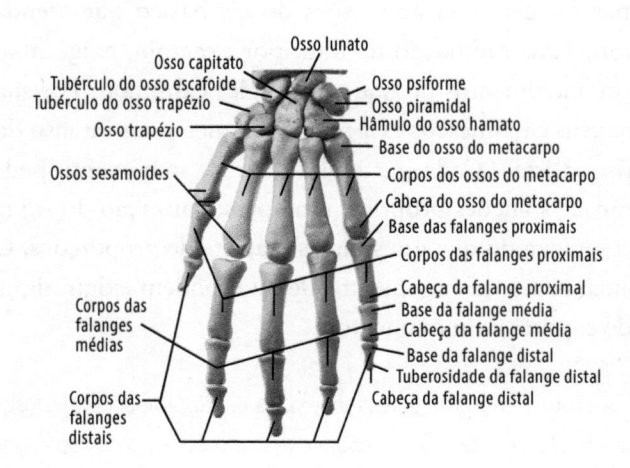

- Osso capitato
- Osso lunato
- Tubérculo do osso escafoide
- Tubérculo do osso trapézio
- Osso trapézio
- Ossos sesamoides
- Osso psiforme
- Osso piramidal
- Hâmulo do osso hamato
- Base do osso do metacarpo
- Corpos dos ossos do metacarpo
- Cabeça do osso do metacarpo
- Base das falanges proximais
- Corpos das falanges proximais
- Cabeça da falange proximal
- Corpos das falanges médias
- Base da falange média
- Cabeça da falange média
- Base da falange distal
- Tuberosidade da falange distal
- Corpos das falanges distais
- Cabeça da falange distal

SciePro/Shutterstock

Podemos simplificar a estrutura da mão em quatro segmentos básicos: o primeiro segmento compreende os ossos do metacarpo e abrange toda a região da palma da mão. O polegar pode ser definido como um segmento à parte, com duas junções, e os demais dedos podem ser apreendidos em conjunto ou separadamente. Em todo caso, resume-se a um segmento com três articulações.

Figura 3.9 – **Representação do *rig* dos dedos da mão**

Rig simplificado dos dedos

Rig detalhado dos dedos

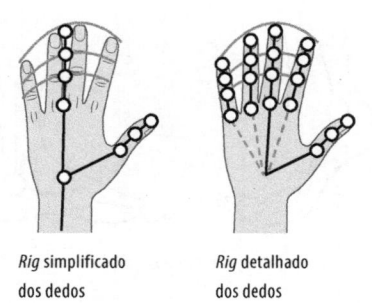

O detalhamento do *rig* "dedo a dedo" deve ser avaliado em função das especificidades do projeto. Em geral, um segmento que controle os quatro dedos já é suficiente. Animações mais complexas das mãos podem ser desenvolvidas com *shapekeys* ou com outra técnica pontual.

3.7 *Rig* dos pés

O *rig* dos pés é ainda mais simples: depende de um segmento que controle a região metacárpica e de um segundo segmento que flexione a região dos dedos e que cubra todo o movimento dos pés.

Figura 3.10 – **Representação do *rig* dos dedos do pé**

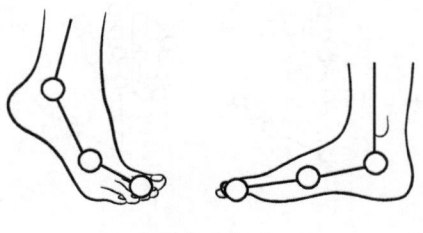

rig detalhado dos pés

OlgaBegak e Eroshka/Shutterstock

3.8 *Rig* do rosto

Criaremos, agora, um *rig* básico para o rosto, acrescentando controles para a mandíbula, para as bochechas e para as sobrancelhas do personagem. Cobriremos, também, os principais movimentos ósseos e alguns movimentos de expressão.

Nosso crânio é formado por 22 ossos, mas, para efeitos de *rig*, podemos resumi-lo a dois segmentos: o osso da mandíbula e o maxilar (articulação temporomandibular ou ATM). Esses segmentos são responsáveis pela flexão da boca, por seu abrir e fechar. Esse conjunto é muito importante, pois permite a animação da fala dos personagens e a criação da maioria das expressões.

Toda gama de expressões e de movimentos presente na face humana advém do trabalho de seu complexo sistema muscular, que é formado pelos denominados *músculos da expressão facial (mímica)*:

Os músculos são: orbicular do olho, corrugador do supercílio, prócero, nasal, depressor do septo, orbicular da boca, levantador do lábio superior, zigomáticos maior e menor, risório, depressor do ângulo da boca, mental, levantador do ângulo da boca, depressor do lábio inferior e bucinador. (Nascimento-Júnior, 2020, p. 72)

Como vimos, tentar reproduzir toda a complexidade dos músculos faciais não é a abordagem correta. Em vez disso, é preciso sintetizar o conjunto, identificando seus eixos principais de movimento e suas flexões.

No primeiro momento, criaremos um sistema simples de controle que permita movimentar os olhos e a articulação temporomandibular (o abrir e o fechar da boca). Por fim, acrescentaremos alguma expressividade às bochechas e aos olhos.

3.8.1 *Rig* dos olhos

Para o movimento dos olhos, precisamos criar algo que focalize o olhar de nosso personagem. Podemos usar um conjunto de elementos nulos, curvas e qualquer objeto não renderizável. Nosso conjunto conta com três partes, e, em nosso exemplo, utilizamos dois círculos vetoriais e um elemento nulo (em forma de cruz). O conjunto é conectado por um sistema de *parenting* em que o eixo nulo atua como pai e os dois círculos funcionam como filhos. Os círculos farão o papel de segmento de controle de cada olho, e o eixo nulo controlará o conjunto.

Dois detalhes devem ser observados para o sucesso do controle:

1. os círculos devem ser posicionados exatamente à frente dos olhos;

2. o eixo de controle deve estar no centro, entre os dois círculos.

O próximo passo é aplicar uma *constraint* do tipo *"look at"* (literalmente, "olhe para"), focando cada olho em respectivo alvo, e, em alguns casos, será necessário configurar o eixo de influência da *constraint*. Esse sistema de controle simples possibilita a manipulação dos movimentos ou de cada olho separadamente (movendo um dos círculos) ou dos dois olhos simultaneamente (movendo o elemento nulo). Para criaturas com múltiplos olhos, basta multiplicar os objetos de controle e repetir a operação de *constraint* para cada objeto.

> Não se esqueça de nomear corretamente cada um dos mecanismos de controle. O sufixo "_CTRL" costuma ser utilizado nesses casos.

3.8.2 Rig da face

Para a face, começaremos com uma versão bem simplificada do crânio humano. Como vetor, o importante é localizarmos o eixo de cada movimento e implantarmos um osso que atenda ao movimento. Um primeiro eixo já havia sido previamente posicionado, sendo responsável, principalmente, pelos movimentos de rotação da cabeça e pela ligação com o pescoço. Acrescentaremos mais dois ossos para controlar o movimento da boca.

A articulação temporomandibular funciona a partir de um eixo localizado um pouco abaixo das orelhas. Imagine uma haste que liga esses dois pontos, agora, una o centro dessa haste a um ponto qualquer do queixo do personagem. Esse será o local em que posicionaremos nosso primeiro osso, que controlará a mandíbula do personagem. Um segundo osso deve ser posicionado a partir do mesmo ponto, em direção a um local abaixo do nariz, para controlar o maxilar. Acrescentar um *rig* ao maxilar aumenta a expressividade dos movimentos da face, contribuindo para a deformação do conjunto.

A esses dois ossos, anexaremos dois ossos de controle, que são posicionados à frente do rosto, no mesmo sentido dos ossos principais. Atribuiremos uma *constraint* de cinemática inversa (IK) a cada um dos ossos, tendo como *target*, o respectivo osso de controle. Configure o alcance da cinemática inversa para o próprio osso, evitando qualquer problema de interação com o restante do esqueleto.

Por fim, para manter o conjunto coeso, crie um *parenting* deslocado (*offset*) entre os ossos de controle e o osso principal da cabeça. Dessa forma, o maxilar acompanhará corretamente todas as transformações da cabeça.

Figura 3.11 – **Representação do *rig* da face**

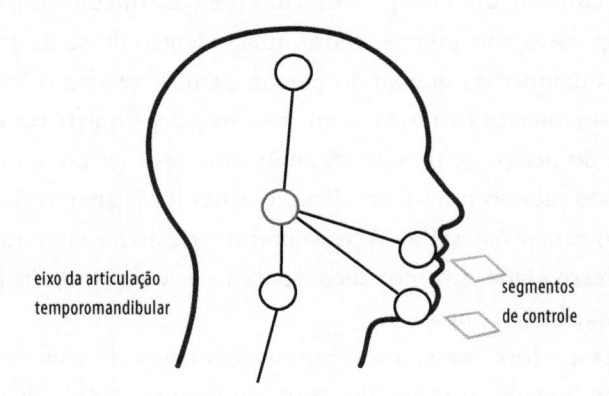

eixo da articulação temporomandibular

segmentos de controle

Zoart Studio/Shutterstock

3.8.3 Um pouco de expressão facial

Segmentos de ossos podem ser usados para simular, também, movimentos musculares. Criaremos um sistema simples para enriquecer a articulação temporomandibular, que será formado por dois conjuntos: (i) controle das bochechas; (ii) controle das sobrancelhas.

Inicialmente, conectaremos um osso a cada bochecha do personagem, que controlará esse movimento quando abrir a boca. Para que o controle funcione em conjunto, empregaremos uma *constraint* do tipo **copiar localização** (*copy location*) de cada controle de bochecha no controle maxilar, assim, as bochechas acompanharão o movimento do maxilar, criando a flexão natural das bochechas.

O controle das sobrancelhas segue um funcionamento similar ao das bochechas, com a exceção de que, agora, terá o papel de contraponto ao fluxo formado pela abertura da boca. Em nossa versão simplificada, posicionaremos um osso acima de cada um dos olhos, na altura da sobrancelha. Com esse controle simples, é possível criar uma série de expressões, como o levantar de uma sobrancelha e expressões de espanto e de ira. Em conjunto com o movimento das bochechas, esse osso permitirá que o personagem semicerre os olhos, acrescentando naturalidade a risadas e a bocejos.

3.8.4 **Vertex groups e weight painting**

Apesar de simples, nosso *rig* é extremamente funcional. O segredo para seu funcionamento é a definição correta dos grupos de vértices (*vertex groups*) e a aplicação precisa do *weight painting*, pois uma pintura precisa e detalhada garante o funcionamento pontual de cada um dos mecanismos de controle, criando passagens sutis de interação entre os grupos de vértices associados a cada segmento.

3.9 **Ciclos de animação**

Com o *rig* devidamente configurado, é preciso testá-lo. Desenvolver um ciclo de animação ajuda a testar a usabilidade do *rig* e seu funcionamento.

Ciclos de animação (ou animação cíclica) são conjuntos de movimentos que se repetem durante a ação, como o bater de asas de uma ave e o caminhar humano. Com poucas poses, o animador cria um ciclo modular, podendo ser repetido indefinidamente enquanto durar a ação. Criar um ciclo de caminhada por meio da técnica de pose a pose possibilita testar o funcionamento do *rig*.

Esse ciclo é composto pelas seguintes poses (*keyframes*):

1. Pose inicial – o movimento começa com uma pose de contato. Nessa posição, ambos os pés estão em contato com o chão. O pé esquerdo à frente, toca o chão, e o direito, mais atrás, prepara-se para se deslocar. Os braços fazem o movimento cruzado: direito fica projetado à frente, e o esquerdo, para trás.
2. Pose de recuo – ambas as pernas se flexionam, criando o impulso para o próximo passo. O tronco se contrai, acompanhando o fluxo do movimento.
3. Pose de passagem – o pé esquerdo fica fixo ao chão. O corpo é impulsionado à frente, enquanto a perna esquerda está esticada, a direita fica flexionada. Os braços desenvolvem um movimento de arco, estando junto ao corpo no momento de passagem.
4. Pose do ápice – com a perna esquerda totalmente esticada, somente a ponta o pé toca o chão. O tronco se estica ao máximo, enquanto o joelho direito se projeta para frente. O braço direito ultrapassa o tronco levemente flexionado, criando um arco para trás, enquanto o braço esquerdo realiza o movimento inverso.
5. Pose de contato – voltamos à posição inicial, porém, desta vez, com a posição dos membros espelhada. Alguns *softwares*

oferecem espelhamento por automação, poupando um bom tempo de trabalho. Se o recurso não estiver disponível, caberá ao animador desenvolver versões espelhadas para as poses de recuo, de passagem e de ápice.

Uma vez que o ciclo tenha sido concluído, o animador pode salvá-lo, criando uma biblioteca de animação para aplicações posteriores. Alguns detalhes podem ser acrescidos, como um leve balançar dos ombros e da cabeça, enriquecendo o ritmo do movimento.

Figura 3.12 – **Animação cíclica ou ciclo de animação**

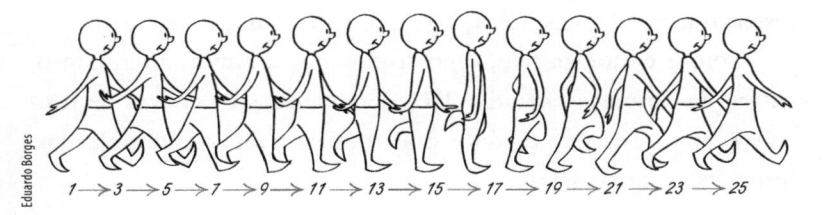

$1 \to 3 \to 5 \to 7 \to 9 \to 11 \to 13 \to 15 \to 17 \to 19 \to 21 \to 23 \to 25$

Eduardo Borges

3.9.1 Correções

Em alguns casos, o ciclo de caminhada pode ficar mecânico, pouco natural. Assim, o animador, talvez, precise fazer ajustes pontuais. A solução mais simples envolve rever algumas poses; reposicionar um detalhe; e registrar a pose novamente. Outra solução pode seguir estes passos: rever as posições do *keyframe* na linha do tempo; e deslocar alguns quadros, aumentando ou diminuindo os intervalos de interpolação.

Uma terceira alternativa é a mais interessante: intervir na curva de animação do editor gráfico, o qual é um recurso que permite ajustes no comportamento da animação por meio de uma curva de função (*f-curve*). A interpolação dos *frames* é traduzida visualmente, descrevendo uma curva na linha do tempo e permitindo uma abordagem mais intuitiva do ritmo criado. Cada uma das transformações (deslocamento, rotação e escala) realizadas é representada por uma curva em particular. É possível, ainda, isolar cada curva em função da coordenada envolvida: "O editor gráfico é a ferramenta para adicionar peso, textura e ritmo à sua animação. A solução de seus problemas acontece diretamente ao manipular as curvas. O editor gráfico ajuda nos ajustes de velocidade, timing e espaçamento" (Jones; Oliff, 2007, p. 138, tradução nossa).

Com o editor gráfico, é possível editar a curva, alterando o ritmo da animação gerada. Três tipos básicos de curvas de função estão presentes no editor gráfico, descrevendo interpolações específicas, quais sejam:

1. Bézier – descreve um movimento contínuo com passagens suaves. É o tipo mais comum de curva, disponibilizando pontos de controle em suas extremidades, o que facilita seu desenho e seus ajuste. Curvas *bézier* são muito comuns em programas vetoriais, tornando seu uso familiar para muitos animadores.
2. Constante – descreve valores contínuos de transformações (ou seja, não há interpolação de fato, uma vez que cada valor se mantém constante ao longo do segmento). Seu desenho é formado por segmentos retos e ortogonais.

3. Linear – indica uma interpolação simples, criando um segmento de reta não contínuo.

Figura 3.13 — **Segmento de reta não contínua do *software* Blender**

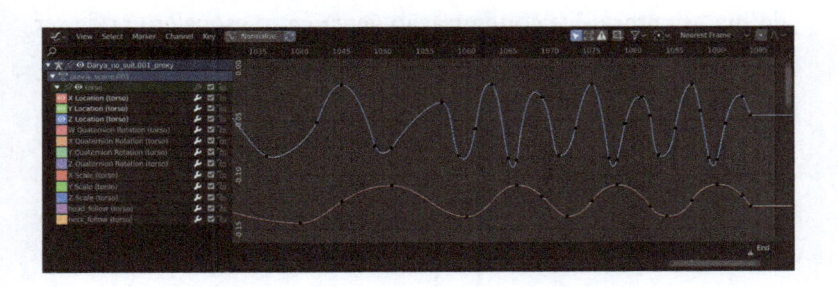

SÍNTESE

O desenvolvimento do *rig* ocorre paralelamente ao processo de *skinning*. Os dois processos convergem na implementação do esqueleto à malha poligonal.

No *skinning*, a malha poligonal é preparada para funcionar corretamente junto ao *rig* desenvolvido, evitando deformações indesejáveis e erros na animação.

Para que o *rigging* funcione de modo correto, o desenvolvedor precisa entender as funções e os objetivos do mecanismo criado. Além de ser funcional, o *design* do *rig* deve oferecer uma interface de uso fácil e intuitiva para sua operação. Pensando nisso, os desenvolvedores de *software* possibilitam ampla personalização dos segmentos e dos ossos, permitindo que lhes sejam agregadas indicações visuais que facilitem sua manipulação.

Desenvolvemos um primeiro esqueleto básico para sintetizar o funcionamento de um esqueleto orgânico a partir da simplificação de sua estrutura. De configuração genérica, o esqueleto pode ser facilmente ajustado para uma ampla gama de personagens humanoides, por meio do deslocamento de suas junções.

Introduzimos o conceito de segmento de controle, adicionando ossos que funcionam como hastes de controle, ajustando o funcionamento de juntas complexas ou, simplesmente, facilitando a manipulação do personagem. Os segmentos de controle nos permitiram aprofundar o uso de cinemática inversa (IK), equilibrando o sistema de *parenting* e possibilitando o controle e o desenvolvimento de movimentos mais sofisticados e realistas. A cinemática inversa torna mais natural a criação de movimentos orgânicos, principalmente para as mãos.

Além da cinemática inversa, analisamos novas *constraints*. Cada *constraint* cria vínculos especiais entre segmentos e outros objetos de controle, viabilizando o desenvolvimento de juntas e de articulações mais complexas.

Criamos um roteiro básico para o desenvolvimento do ciclo de caminhada. A animação cíclica é um poderoso recurso para o animador e propicia o aproveitamento de trechos de animação, poupando tempo e recursos de produção. O ciclo de caminhada é um dos mais importantes e funciona como um bom teste para o esqueleto desenvolvido.

Por fim, abordamos mais uma importante ferramenta de desenvolvimento: o editor gráfico. A tradução de constantes matemáticas em curvas manipuláveis permite que o animador refine as animações produzidas, interferindo na interpolação dos movimentos.

APRIMORAMENTO DOS PROCESSOS DE *RIGGING*

Por fim, abordamos mais uma importante ferramenta de desenvolvimento: o editor gráfico. A tradução de constantes matemáticas em curvas manipuláveis permite que o animador refine as animações produzidas, interferindo na interpolação dos movimentos.

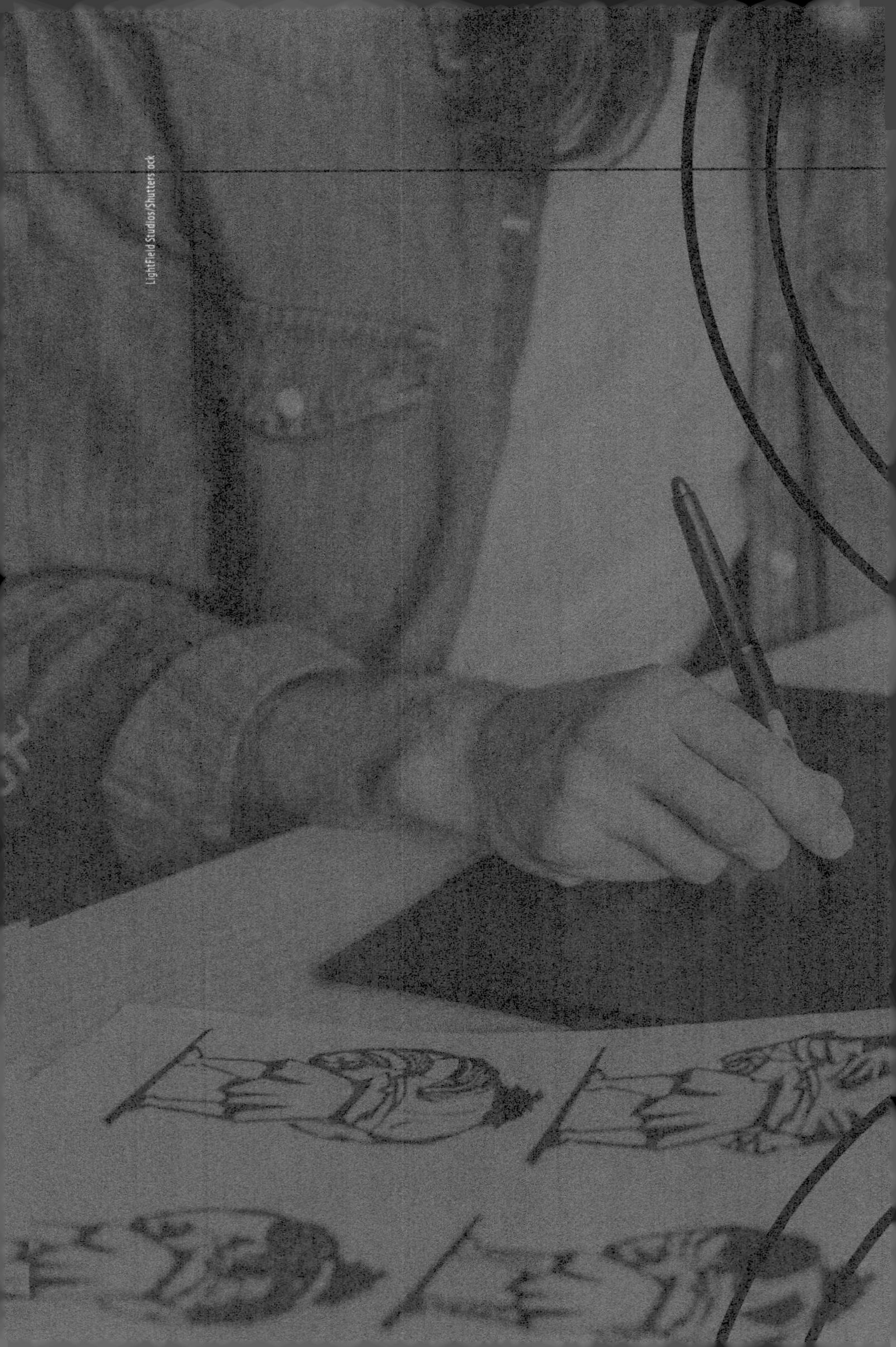

LightField Studios/Shutterstock

CAPÍTULO 4

APRIMORAMENTO DOS PROCESSOS DE *RIGGING*

Neste capítulo, daremos continuidade ao desenvolvimento do *rigging*, aprofundando a abordagem das hierarquias; do *parenting*; da interconectividade; das conexões do *rig*; do desenvolvimento de um sistema mecânico funcional; e da automação e da implementação de ciclos de animação.

4.1 Hierarquia

A definição de hierarquia envolve distribuir, de maneira organizada, poderes com sucessiva subordinação de um a outro(s), como acontece em uma escada com vários degraus. O *rigging* utiliza esse conceito para facilitar a compreensão da mecânica da animação, porque, logo depois da finalização da modelagem em três dimensões, é necessário efetuar a movimentação das personagens. Para isso, devemos criar uma estrutura hierárquica, que recebe o nome de *joint* e que possibilita que iniciemos o *rigging* com o uso do *software* de modelagem *Maya*, por exemplo.

O *joint* representa e pode ser comparado à estrutura óssea de um personagem. A união de *joint* cria uma estrutura bem parecida com a do esqueleto ósseo de um corpo humano – em português, *joint* é conhecido como articulações que respeitam uma hierarquia. Assim, essa estrutura tem a função de influenciar a modelagem desenvolvida em 3D, proporcionando uma flexibilidade que pode ser utilizada em quaisquer outras personagens de mesmo fim.

O estudo da flexibilidade está presente na composição de personagens humanos, de criaturas, de animais e, inclusive, de certa maneira, de alguns objetos. Os *joints* facilitam a manipulação da animação de personagens, porque são inseridas posições estruturais nas três dimensões, contribuindo, potencialmente, com a obtenção dos melhores resultados de uma animação flexível.

No *software* Maya, para criar essas articulações, realizam-se os procedimentos indicados a seguir:

1. em *Skeleton*, selecione a opção *joint tool*;
2. com *snap* na grade, aperte a tecla X;
3. mover os *joints* (as articulações) em apenas uma direção – use a opção manipuladora *along rotation axis*.

É importante salientar que o Maya é apenas um exemplo de *software* para modelagem e animação em três dimensões. De acordo com a atualização de *softwares* e de traduções, esses procedimentos podem ser alterados, no entanto, o princípio permanecerá o mesmo, podendo ser utilizado em outros *softwares* de manipulação, de edição, de criação, de modelagem e de animação em três dimensões. A manipulação torna possível posicionar os pontos de maneira ideal, girando o *joint* até chegar ao ângulo e à posição adequados por meio de uma sequência de *joints* interligados por apenas um eixo, para que se evitem problemas de orientação futuros (Pinheiro, 2014).

É necessário, depois da criação da estrutura do esqueleto, executar a ligação da modelagem em três dimensões com os *joints*. No Maya, por exemplo, esse procedimento é realizado de modo automático e recebe o nome de *skin*. No *rigging*, esse é um procedimento bastante utilizado. Por isso, é importante que seja sempre revisado, a fim de evitar problemas de execução:

- selecione a modelagem em três dimensões;
- certifique-se de que todos os *joints* estão selecionados;
- abra a aba *skin*;
- clique na opção *smooth bind*.

Executando esses passos, ocorrerá a união da modelagem em três dimensões, possibilitando a seleção de um *joint* da hierarquia por meio do uso das ferramentas "mover", "seleção" e "rotação". Assim, quaisquer partes da modelagem 3D podem ser manipuladas.

Em referência a esse processo, os profissionais da área utilizam o termo *skinar*, tendo em vista que cria a malha de modelagem em três dimensões e as ações unidas aos *joints*. A maneira pela qual as juntas são deslocadas ou rotacionadas implica a deformação da geometria, que precisa ser realizada para que possa ser executado o reposicionamento e a animação de partes ou de toda a personagem. Nesse sentido, os termos *skin* e *ligação* são intercambiáveis. "Existem dois tipos de Skin (ligação intercambiável: ligação suave (Smooth Bind), que é o tipo de deformação suave; e ligação à pele interativa (Interactive Bind), que é uma deformação rígida)" (Palamar, 2014, p. 247, tradução nossa).

No *software* Maya, para fazer um aprimoramento de *skin*, basta executar um melhoramento da deformação da malha, utilizando a ferramenta denominada *paint skin weights tool* (em português, "pincel de correção de peso de pele"). Por exemplo, no deslocamento da junção da perna esquerda de uma personagem, pode acontecer o deslocamento de uma parte que não deveria ser movida. Essa situação pode acontecer porque, no momento da aplicação de *smooth bind* – isto é, a ligação de pele suave –, os *joints* podem deformar malhas próximas.

É preciso salientar que a modelagem em três dimensões e, também, toda a aplicação de *rigging* acontece em ambiente 3D, em que todas as posições são indicadas com valores dos eixos X, Y e Z. Os *joints* também têm a mesma influência. Prestemos atenção ao fato de que os controladores devem ser criados com os valores dos eixos X, Y e Z zerados, assim a modelagem em 3D pode ser assentada em sua posição original, facilitando o trabalho dos profissionais que executam a animação. Tudo isso minimiza as possibilidades de cometermos erros ao mover e utilizar os controladores e de que, principalmente, não alteremos a estrutura do *rig*.

Depois que os controladores forem finalizados, é importante que os animadores e/ou o diretor de arte do projeto verifiquem se cada deformação está bem-feita, somente assim o *rig* pode ser considerado finalizado.

Para entender a hierarquia e outros processos de *rigging* com o *software* Maya, devemos conhecer os termos técnicos importantes, como *delete* e *history*. Veja os procedimentos a seguir:

- acesse o menu *edit*;
- selecione *delete by type*;
- selecione *history* (Autodesk, 2016).

Outro conceito é o de *freeze transformation*, que se refere à aplicação do *reset* aos valores dos atributos, que podem ser *translate, rotate, scale e joints orient*. Em outras palavras, *freeze transformation* tem a função de zerar os eixos X, Y e Z (Autodesk, 2016).

Por sua vez, *mirror* tem a função de espelhar, de maneira bilateral, quaisquer objetos, seja de baixo para cima, seja da direita para a esquerda, seja de trás para frente. Portanto, trata-se de ferramenta relativa a eixo e a sentido (Autodesk, 2016).

O *Blend shape* distorce as formas de mistura ou de interpolação das variações de uma figura geométrica, quer pelo uso de uma ou de mais formas de misturas, quer pela duplicação do modelo original. Na prática, *blend* é utilizado na animação de expressões faciais de personagens. Normalmente, por meio dessa técnica, são executadas as duplicações de cabeça do modelo original, a fim de se realizar diversas expressões. A técnica é parecida com a de animação em *stopmotion*, em que o animador tem de mudar, manualmente, as expressões faciais pela troca de cabeças (Palamar, 2014).

Forward kinematics (FK) é a cinemática direta de manipulação dos *joints*, ou seja, do topo da hierarquia para baixo. Se movermos o *joint* da cintura de um personagem, todos os outros se moverão naturalmente (Maestri, 2006).

A *inverse kinematics* (em português, "cinemática inversa") (IK) é outra maneira de manipular os *joints* (articulações) do personagem. Diferentemente do que acontece na *forward kinematics*, promove deslocamentos sem obedecer à hierarquia. A *inverse kinematics* pode manipular *joints* independentemente de sua posição hierárquica, resolvendo, por exemplo, problemas de controle da cintura da personagem sem mexer em seus pés (Maestri, 2006).

O pé reverso é considerado uma hierarquia de junção complexa ajustada ao controle de *inverse kinematics* e tem a função de deslocar a perna e o pé, pelo fato de envolver o desenvolvimento de nós de grupo utilizados como pontos pivô do esqueleto, visto que, no momento em que o pé rola para trás, deve firmar-se para trás, no salto. Quando rola para frente, deve firmar-se no abaulado do pé e, depois, para cima, no dedo (Maraffi, 2008).

Pivô ou *pivot* é o ponto em que acontecem as transformações de rotar, de mover e de redimensionar um objeto. Para alterar a posição de um pivô no *software* Maya, devemos pressionar a tecla *insert*. Se for necessário sair do modo de manipulação do pivô, basta pressionar a tecla *insert* mais uma vez. Modificar a localização do pivô faz com que sejam alteradas a rotação de um objeto e sua forma de ser redimensionado, conforme mostra a Figura 4.1, a seguir.

Figura 4.1 – **Exemplo da seleção do *pivot* no *software* Maya**

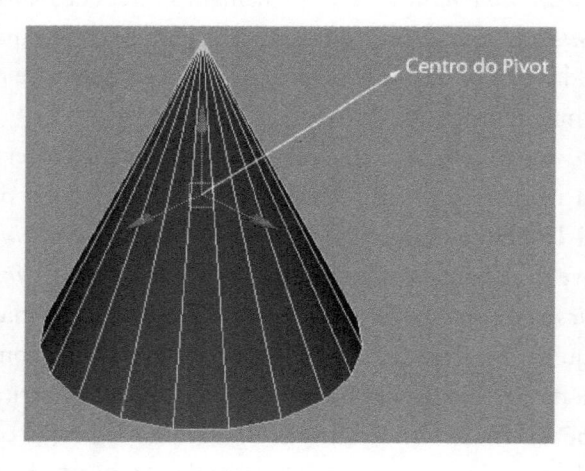

O uso da ferramenta pivô é muito importante, em razão das várias possibilidades de modificação que permite para os objetos.

No *software* Maya, para a posição do pivô ficar no centro do objeto, é necessário selecioná-lo; ir em nome no menu *modify*; e, por fim, clicar na opção *center pivot*.

Face setup (em português, "configuração da face do personagem") é o local no qual são criados *joints*, controladores e *blend shapes*, com o objetivo de promover uma deformação facial, uma mudança de expressão do rosto do personagem (Advanced Skeleton, 2020).

nCloth é uma solução de pano dinâmico rápido e estável, é uma geometria que simula um pano ou tecido. Esse recurso imita a gravidade, fazendo com que uma malha represente ou funcione como um tecido em termos físicos de flexibilidade. Para isso, usa um sistema de partículas ligadas para simular uma grande variedade de superfícies de polígonos dinâmicos. Na prática, *nCloth* é flexível o suficiente para simular diversos tipos de superfície:

- roupas de tecido;
- balões infláveis;
- superfícies quebradas;
- objetos deformáveis (Autodesk, 2016).

O *paint skin weights tool*, conhecido também como *ferramenta de pincel de pintura de peso*, tem por objetivo modificar as influências dos ossos de cada vértice e serve para colorir os pesos dos vértices diretamente na geometria do personagem.

4.2 Parenting e interconectividade

Parenting de hierarquia é o tipo de *link* entre dois objetos – a tradução correta de *parenting* seria "paternidade", mas "filiação" também é utilizado.

No processo de *rigging*, o *parenting* é um processo muito importante. Por esse motivo, será revisado e aprofundado neste tópico. O conceito básico é o de criarmos um sistema organizado cujas partes estabeleçam uma relação entre si, permitindo que um elemento influencie outro de maneira ordenada:

> Todos os *rigs* são baseados em uma hierarquia de sistemas e controles trabalhando em ordem sequencial para criar a articulação do seu objeto. Essa hierarquia em sua forma mais básica é um relacionamento pai / filho – um objeto é o pai e outro objeto é o filho. Criar esse relacionamento é chamado de *parenting*. (Beane, 2012, p. 178, tradução nossa)

Na computação, esse tipo de organização é fundamental para o funcionamento do sistema, e a ordenação das pastas nos sistemas operacionais ilustra isso. Pastas se localizam dentro de pastas, que estão conectadas a uma unidade raiz. Por um lado, apagar uma pasta eliminará somente os arquivos e as pastas em seu interior; por outro lado, se apagarmos a unidade raiz, que é hierarquicamente superior às demais, apagaremos todo o conjunto. Sendo assim, podemos denominar o primeiro segmento de *pai*, que estará em uma posição hierárquica superior à do segundo segmento, o filho. Dessa forma, as transformações sofridas pelo segmento pai influenciam o segmento filho, embora o contrário nunca aconteça. O segundo segmento filho, além de sofrer a influência do segmento pai, depende dele para realizar suas próprias transformações: o topo do primeiro segmento sempre será o eixo de rotação do segundo, limitando seus movimentos. Exemplos práticos disso são o funcionamento de nosso braço e sua estrutura. Nesse caso, temos um arranjo hierárquico no sentido ombro > antebraço > braço > mão. Ao flexionarmos o ombro, influenciamos todo o conjunto até a mão, mas o contrário não ocorre. Podemos girar a mão sem envolver o antebraço e o ombro, ainda que a mão esteja limitada ao punho (extremidade do braço), seu eixo de rotação. É possível conectar várias novas hastes a uma mesma haste anterior, produzindo ramificações na estrutura do esqueleto – o *rig* da mão, por exemplo, é construído desse modo. Ainda assim, a organização hierárquica se mantém a partir da haste original, distribuindo-se, gradativamente, pelas gerações seguintes, em sentido linear. O segmento original influenciará todo o arranjo, e o conjunto da ponta permanecerá sem influência alguma.

Seguindo a lógica organizacional, segmentos de mesmo nível hierárquico não se influenciam, e elementos que não se originam do mesmo segmento não pertencem à mesma linha de influência. A cadeia formada pelos segmentos obedece a um sentido de influência (ou hierarquia) conhecido como *parenting* (paternidade). Nesse arranjo hierárquico, o osso pai influência as transformações do osso filho.

Para entender melhor essa situação, podemos utilizar outro exemplo prático: a relação de uma mulher grávida e de seu filho. Embora o bebê tenha certa liberdade de movimentos dentro da barriga da mãe, está condicionado aos movimentos dela. Caso a mãe se desloque, o bebê não tem alternativa, a não ser acompanhar sua mãe. Com os ossos do *rig*, acontece o mesmo: as transformações do osso pai influenciam todos os ossos subordinados (filhos). Mesmo as mãos, que têm certa liberdade de movimentos, estão atadas ao antebraço na altura do punho, e transformações no antebraço afetam a mão conectada diretamente. É importante salientar que também existe a hierarquia em cadeia, a qual, apesar de ser formada por um padrão, pode ser modificada em função das exigências de cada movimento desenvolvido.

No desenvolvimento do esqueleto, é possível conectarmos dois ossos sem, necessariamente, criarmos uma junção, o que significa que um osso estará conectado a outro sem uma junta de flexão. Esse tipo de *parenting* é chamado de *deslocado* ou *offset*. Geralmente, é indicado por uma linha tracejada entre os dois segmentos.

Os *softwares* de modelagem e de animação 3D dispõem de várias ferramentas para facilitar o uso de seus recursos. O Adobe Animate tem uma ferramenta bem específica, a *layer parenting*, que é uma evolução da ferramenta *bone*. Além de ser mais avançada, *layer parenting* simplifica as ações para o desenvolvimento do *rigging*, permitindo conectar partes individuais com uma hierarquia pai-filho; ela também facilita a substituição de quaisquer partes individuais e o reparo de quaisquer objetos, em qualquer momento, por exemplo.

Na prática, utilizando o *Adobe Animate*, é necessário, primeiramente, desenhar um personagem e verificar se cada uma das partes de seu corpo está em uma *layer* separada. É importante converter todos os objetos e todas as partes de corpo em símbolos antes de iniciar a animação. Para executar essa ação, basta seguir estes passos:

- acesse *modify* e escolha a opção *convert to symbol*;
- nomeie o símbolo e escolha a opção *graphic* em *type*;
- na barra de ferramentas, selecione *free transform* – a tecla de atalho é Q.

Executando esse procedimento, no momento em que clicar em um símbolo, você observará um ponto central branco. Caso seja preciso rotacionar o objeto, esse será o eixo de rotação. No entanto, as partes do corpo humano não são articuladas por um ponto central. Sendo assim, é necessário movê-lo para o local apropriado. Deve-se fazer esse procedimento em todos os símbolos para que pernas, braços e as demais partes possam girar de modo anatômico.

Para adicionar a *layer parentig*, devemos clicar no ícone *show parenting*, na *timeline*, dessa forma a exibição do *parenting* se abrirá na *timeline*. O próximo passo é determinar qual parte do corpo será utilizada como base. É comum utilizar o torso como base, para que os demais símbolos ou partes do corpo se tornem os filhos desse símbolo. Depois, devemos clicar, arrastar a *layer* da perna e soltá-la no tronco. Esse procedimento definirá uma hierarquia em que o símbolo da perna se tornará filho da *layer* do tronco. É necessário repetir esse processo para todas as outras *layers*.

> Lembre-se de que, caso um símbolo pai seja movido, todas as partes designadas como suas filhas se moverão também. Ao contrário, se quaisquer símbolos filhos forem movidos, não haverá nenhuma alteração no símbolo pai.

Com esses procedimentos, o personagem está pronto para ser animado, bastando apenas criar um conjunto de *keyframe*. Para isso, é só clicar nos símbolos, arrastá-los na vertical em todas as *layers* e pressionar a tecla F6 no teclado. Também é possível clicar no personagem, arrastá-lo e modificá-lo com a ferramenta *free transform*, o que possibilita adicionar interpolações entre esses *keyframes* e várias outras ações, como modificar *shapes*.

4.3 Conexões do *rig*

Para executar as conexões do *rig*, é necessário verificar a geometria da modelagem em três dimensões. O personagem deve estar na pose "T" – ou seja, com os braços esticados, com as pernas juntas, em posição ereta. Devemos conferir se existem faces com problemas. A translação e os eixos de rotação devem estar em zero, assim a posição "T" será mantida e minimizará o risco de movimentação do personagem de modo indevido.

Alguns animadores utilizam a tecla *print screen* para capturar as telas. Para desenhar o modelo a partir dessas capturas, procure imaginar como será a deformação e tente descobrir o local ideal para inserir cada junção – *joints*, pontos de articulação ou pivôs. Todos esses procedimentos devem ser utilizados como base da proporção do personagem, pois, para criar uma conexão entre quaisquer *rigs*, deve-se usar as referências de anatomia. Essa pesquisa pode ser feita em vários *sites* da internet. O estudo da anatomia dos seres humanos é importante para o desenvolvimento de uma hierarquia de *joint* eficiente.

O filme *Tarzan*, que teve a supervisão de animação de Glen Keane, encarregou-se de que os animadores realizassem exercícios que explorassem as características que o personagem principal precisava ter. O resultado foi uma pesquisa de como Tarzan faria, de maneira engraçada, os movimentos de se coçar, de cheirar objetos e de se locomover pelos troncos de árvores.

É recomendável, antes de iniciar as conexões de *rig*, analisar algumas formas reais que podem ser empregadas nesse processo, como a forma de seu próprio corpo. Foque nas articulações! Para tornar essa análise mais fácil, você pode até usar um espelho como recurso. Com esse objeto, você pode observar como acontece a movimentação de rotação de seu pulso, sua cabeça, seus braços, seus dedos, suas pernas e também o que acontece com os seus músculos e com sua pele quando são contraídos. Essas observações simples de seu esqueleto e de seus músculos facilitam o desenvolvimento das conexões *rig*.

Também é importante que as modelagens em três dimensões dos objetos estejam organizadas. Utilizaremos o *software* Maya como exemplo, em que tudo o que é desenvolvido nas janelas de vistas 3D – na *viewport* – pode ser renomeado, simplificando, assim, a organização de todo o processo. A aba *outliner* dispõe da descrição de todos os objetos desenvolvidos, os quais podem ser renomeados. As camadas ou *layers*, na *channel/box*, na aba *display*, têm as funções de ocultar objetos, de desabilitar seleções e de mudar a visualização do modelo para *template*. Para facilitar a organização, recomendamos criar uma *layer* para o *rig* e outra para o modelo em três dimensões, evitando erros no momento em que for selecionar as junções.

Depois de efetuar todos esses procedimentos, é o momento de trabalhar com o corpo por meio da criação de junções para a confecção do esqueleto do personagem. Devemos posicionar os pivôs dos *joints* de um modo que faça a deformação funcionar corretamente. Assim, começam os procedimentos de criação da cabeça, indo até a cintura do personagem, com uma coluna de nove *joints*.

No *software* Maya, após esse procedimento, aconselhamos renomear o objeto com a utilização de *outline* e desenvolver as pernas e os braços a partir da coluna. O primeiro *joint* da *leg* (perna) deve ser conectado ao *joint root* (cintura); ao mesmo tempo, o *clavicle* (braço) deve ser conectado à *spineC* (espinha). É importante que, nesse processo, seja criada uma coluna de *joints* para a perna e para o braço do lado esquerdo do personagem, que pode ser espelhada para o lado direito. Para o espelhamento, observe os seguintes passos:

- *Animation*;
- > *Skeleton*;
- > *Mirror joint*.

A coluna de *joints* da perna e do braço do lado direito será criada automaticamente. Nesse momento, devemos executar a seleção de todos os *joints* e aplicar o *freeze*, a fim de que todas as rotações dos *joints* sejam zeradas. Depois, devemos selecionar a geometria do personagem e aplicar o *skin*. Após a finalização desses procedimentos, a ferramenta de rotação pode ser utilizada para a manipulação de quaisquer *joints*. Não se esqueça de verificar se a deformação está com boa qualidade (Pinheiro, 2014).

Para corrigir eventuais problemas, uma das opções é utilizar o *paint skin weights tool*. Pinheiro (2014) adota os seguintes procedimentos de correção:

- selecionar a malha do personagem;
- aplicar a ferramenta *paint*;
- nas configurações da ferramenta, selecionar o *joint* da cintura;
- com a opção *replace* ativada, pressionar o botão *flood*.

Assim, o *joint* da cintura receberá toda a pintura, que inclui o peso de formação da malha, e os demais *joints* não terão informação de pintura. Ao finalizar essa etapa, é elaborada a pintura de maneira interativa e manual. Para isso, basta selecionar, em sequência, cada *joint* e executar novamente os procedimentos indicados. Então, devemos criar os controladores, a IK e a FK das pernas e dos braços e, também, o pé reverso. É preciso lembrar do rosto do personagem, pois devemos criar os *joints*, os deformadores da face e seus controladores, como as sobrancelhas, os olhos, o nariz, os lábios, as bochechas, as orelhas etc. Tudo isso será aplicado ao *skin*.

Recomendamos que a etapa da face seja iniciada com a duplicação da geometria do personagem, com o objetivo de criar misturas de formas, os *blend shapes*. Dessa maneira, forjam-se as expressões faciais, e a duplicação da geometria do personagem pode ser feita inúmeras vezes. Assim, é possível modelar, entre várias outras, expressões de felicidade, tristeza, raiva, com olhos fechados, com olhos abertos, com sobrancelhas abaixadas, com sobrancelhas erguidas.

Todos os *joints* devem ser aplicados ao *skin* da geometria do personagem. Indicamos a criação de curvas, com o objetivo de facilitar a manipulação dos controles faciais. Isso tornará mais preciso o processo de animação do rosto do personagem. As etapas de conexão do *rig*, normalmente, pode seguir a sequência apresentada a seguir:

- esqueleto;
- colocação de pele;
- mesclar formas;
- cinemática inversa;
- *rigging*.

No processo de montagem do esqueleto, é definida a hierarquia dos *joints*, etapa que pode ser comparada à do corpo (*body*). Não existe uma regra para essa montagem. Por exemplo, podem existir dois esqueletos de personagens bípedes: em um, geralmente, os joelhos e os cotovelos têm somente um *joint*; no outro, tanto os joelhos quanto os cotovelos têm dois *joints*. Alguns animadores preferem utilizar dois *joints*, um para dobra do cotovelo e outro para a dobra do joelho, porque isso facilita os deformes e a pintura do *skin*, como aponta Pinheiro (2014, p. 12):

> Usamos duas articulações como joelho (ou cotovelo), a fim de obter melhores deformações. Estas peças são muito complexas na vida real, por isso, precisa de duas articulações para chegar a quase 180 graus de rotação, minimizando a perda de volume.

Também é preciso considerar as conexões do *rig* em relação ao *joint* para a torção do antebraço. No *software* Maya, para uma torção simples de antebraço, basta duplicar a articulação do pulso e executar os seguintes procedimentos:

- *any mode*;
- *edit*;
- *duplicate*;
- deslocar ao longo da cadeia – por exemplo, na direção do eixo X;
- deslocar até que esteja, aproximadamente, a 1/3 da distância do cotovelo.

Os profissionais iniciantes e os estudantes sempre devem observar como são os movimentos do ser humano. Você pode observar-se e concluir o que acontece, de maneira natural, quando movemos o pulso e rotacionamos o antebraço. Existe outra opção para chegar a esse resultado: o posicionamento da clavícula em diagonal, próxima ao peito do personagem, serve para facilitar rotação e a deformação. Para cada projeto, há uma técnica adequada; se não houver, uma deve ser criada para atender às suas necessidades. De modo geral, as duas apresentadas têm bons resultados.

4.4 Desenvolvimento de um sistema mecânico funcional

Para o desenvolvimento de um sistema mecânico e funcional, os *softwares* de modelagem e de animação em três dimensões apresentam recursos específicos, mas é possível, ainda, a instalação de *plug-ins* que facilitam esse tipo de criação. Os *plug-ins* nada mais são do que módulos de extensão que podem ser utilizados, dentro de *softwares*, para o desenvolvimento de *rigging*. Um desses *plug-ins*, que pode ser empregado no *software* Maya, recebe o nome de *dp AutoRigSistem*. Na verdade, trata-se de um *script* criado em linguagem de programação *Python* cujo objetivo é facilitar o desenvolvimento de um sistema mecânico e funcional.

O *plug-in dp AutoRigSistem* tem uma configuração modular. No *software* Maya, na aba *rigging*, depois de selecionar a opção *standard*, é possível ver as várias partes do corpo – ou seja, a hierarquia de *joints*. Também apresenta uma categoria integrada e mais completa composta por quadrúpede, por bípede, por braço, por perna etc. Ao clicarmos, por exemplo, em bípede, é aberta a metade de um esqueleto. A primeira visualização é uma guia de referência para o *rigger* posicionar as juntas no local desejado dos membros, segundo a geometria de um personagem.

O botão "editar módulos" permite que sejam adicionados outros segmentos ao *rig*, depois de o ajuste de posição dos membros ter sido feito: um clique no botão verde gerará o *rig*. Assim, automaticamente, são criados todos os controladores: o *Ik* e o *Fk* dos braços e das pernas e os pés reversos. Após a criação desses controles, na aba s*kinning*, é desenvolvido o *skin*, em que podem ser selecionadas todas as juntas e a geometria do personagem. É necessário clicar no botão de cor azul, *skin*. O processo mais longo é o *skin*, porque o programa não executa uma deformação considerada perfeita. Sendo assim, devemos executar ajustes na deformação. Para o desenvolvimento de um sistema mecânico funcional, devemos adicionar uma quantidade maior de *blend shape facial* e de controladores faciais.

O *plugin dp AutoRigSistem* é considerado um *script* de fácil utilização e uma excelente ferramenta para a criação de diversos tipos de personagens. Também é simples de ser instalado no *software* Maya. Além da *dp AutoRigSistem*, existem outras ferramentas e *plug-ins*.

O *Advanced Skeleton* é outro *plug-in* que pode ser instalado no *software* Maya e que possibilita a criação de *rigs*. No entanto, apresenta as seguintes limitações de quantidades:

- 3 cabeças;
- 5 pernas;
- 100 dedos.

Essa ferramenta permite, além da criação de personagens, a criação de adereços, de veículos automotores, de acessórios e de, praticamente, qualquer objeto que for necessário em um projeto. O *Advanced Skeleton* elabora manipulações de reconstrução, mudanças e alterações do *rig*. Para iniciar o desenvolvimento de um *rig*, sugerimos, primeiramente, ir à aba PRE e executar a limpeza do fluxo de trabalho. Utilizando esse *plug-in*, no botão referência, é executada a importação de um arquivo denominado "modelo.ma", que representa a extensão do arquivo *Maya* para um *rig*.

A opção que recebe o nome de referência no *Advanced Skeleton* tem a função de executar alterações no arquivo do "modelo.ma", de modo que não seja feita nenhuma alteração que prejudique o *rig*. Depois, devemos executar a criação do esqueleto do personagem, usando a aba denominada *body*. Essa aba dispõe de várias diversas e diferentes opções para a modificação e para criação de *rig*. Como exemplo, há a aba que recebe o nome de *fit*, que permite a formação de uma grande quantidade de tipos de esqueletos, como os de pássaros, de veículos, de quadrúpedes, de dinossauros, de gorilas etc.

Ao escolher a opção que recebe o nome de "Biped.ma" e clicar em importar, o *Advanced Skeleton* cria a metade do esqueleto. Salientamos que devemos, sempre, posicionar o esqueleto manualmente, de acordo com a anatomia de cada personagem animado.

Para finalizar essa etapa, é necessário clicar na opção *build advanceskeleton,* a qual vai criar, automaticamente, a outra metade do esqueleto e também todos os controladores *Ik* e *Fk.* Terminado esse processo, é preciso criar a *skin.* Existem várias maneiras de deformar um personagem com o *advanceskeleton. A deform 1* é a mais comum, apesar de haver a função *smooth bindin,* no Maya, para aplicar o *skin.* É possível utilizar, também, a opção *deform 2,* que é o *skincage,* nesse caso, cria-se uma malha de polígonos a partir da opção *create,* malha que deve ser ajustada sobre a geometria do modelo, com o objetivo de obter uma melhor deformação. Para isso, devemos selecionar as curvas e utilizar a ferramenta *scale.* O *skincage* faz uma atribuição automática, no *smooth skin,* para o peso da deformação. No momento da finalização da etapa de *skin,* é importante selecionar toda a geometria do personagem e fazer a aplicação do *copy weights.*

Após a finalização dessa etapa, é importante que nos certifiquemos da deformação de peso de cada membro do personagem e também da necessidade de deletar o *skincade,* pois seu uso acontece somente para a cópia da deformação de uma geometria para outra. Para aprimorar a deformação, podemos usar a função *corrective shapes,* aba em que está localizada a pose. Para isso, basta selecionar a geometria a ser corrigida e clicar em *create corretive shape*. Com essas ações executadas, podemos utilizar o pincel de peso, recurso que permite a obtenção da deformação esperada.

> Os principais erros de deformação acontecem, geralmente, nos ombros e nos quadris de um personagem.

A próxima ação é a criação de controles faciais, os quais estão localizados na aba *face*, dentro da subdivisão *pre*. Esse é o momento da definição dos componentes da face: cabelos, olhos, língua, dentes, chapéu, boné, toca etc. Na aba denominada *fit*, devemos selecionar as *edge*s e os vértices da face do personagem, com o objetivo de criar controles individuais da língua, dos olhos, dos lábios, das sobrancelhas, do nariz, das bochechas etc. Depois de essa etapa ser finalizada, devemos acessar a aba *build* e aplicar a função *build advancedface*, que criará os controles faciais de maneira automática e finalizará a construção do *rig*.

A interface do *advancedskeleton* é bem simples e intuitiva, apresentando *feedbacks* para as utilidades de cada botão. Têm, ainda, outras utilidades e funcionalidades, quais sejam:

- *Selectordesigner* – é representado por duas janelas de seleção dos controles do personagem criados pelo *software* Maya (uma para corpo e outra para a face).
- *Posedesigner* – é uma janela que executa a gravação da posição do personagem. Sua funcionalidade é facilitar o processo de animação.

- *Walkdesigner* – é outra janela que tem a função de facilitar e de animar o personagem. Tem diferentes ciclos de caminhada automática, incluindo corrida, caminhada masculina e caminhada feminina.

A funcionalidade do *Advanced Skeleton* é o desenvolvimento de um sistema mecânico funcional, ou seja, a geração de movimento complexo tendo como base uma simples cadeia de *joints* a partir da função *FitSkeleton*, sendo assim, uma ferramenta bem completa. Ela vai além das funções da criação de apenas *rig*, sendo diferente da ferramenta denominada *HumanIK*, que é também para criação de *rig* automático, mas do próprio Maya, que é carregado automaticamente como *plugin*. Nesse caso, para criar um *rig*, devemos observar os seguintes procedimentos:

- Menu;
- > *Control*;
- > *Create control rig*.

Executando esses procedimentos, aparecerá, na *veiwport*, o box *character controls* e, simultaneamente, uma cadeia de *joints* formando um esqueleto. Com a opção *skeleton*, serão definidas as dimensões do esqueleto: proporção, tamanho e quantidade de membros. Trata-se do momento de executar a importação da geometria do personagem e de fazer ajustes dos *joints*. No entanto, isso deve ser feito apenas do lado direito do esqueleto em relação à proporção do personagem. Para executar esse procedimento, basta seguir os seguintes passos:

- Menu *create*;
- \> *Edit*;
- \> *Skeleton*;
- \> *Mirror left*.

Também é permitido espelhar os *joints* em outra posição, para continuar o próximo procedimento de aplicação da *skin*. Para isso, devemos selecionar todos os *joints* e todas as geometrias do personagem e executar o seguinte passo a passo: *skin* > *bind skin*. Depois desse procedimento, devemos realizar as alterações necessárias, com a ferramenta pincel de pintura de peso, para a obtenção de uma melhor deformação da malha. O *rig* é finalizado com a criação dos controles *LK*, por meio dos comandos *box character controls (Create> Control Rig)*.

A adição de controladores faciais e de *blend shapes* de modo manual é possível. Embora o *plug-in* MayaHIK não tenha a opção de criar controles faciais, o *HumanIk*, em seu box, dispõe de uma aba *controls*, com a função de seleção de personagens. É, portanto, uma ferramenta simples de ser usada e útil para a criação de personagens, desde que não tenham alto nível de complexidade. Essas ferramentas, de uma maneira ou de outra, facilitam o desenvolvimento de um sistema mecânico funcional.

4.5 Automação e a implementação de ciclos de animação

A automação e a implementação de ciclos de animação facilitam a concepção de ações repetitivas de longa e de curta duração.

Como exemplos da aplicação de ciclos, podemos citar corridas, caminhadas, pulos etc. Uma animação pode ser desenvolvida com duração de apenas um segundo de ciclo e ser usada repetidamente para alcançar quantos segundos forem necessários para finalizar a corrida, a caminhada e a série de pulos. Logo, é importante que o último quadro tenha equilíbrio em relação ao primeiro, de modo a possibilitar que a animação cíclica fique completamente fluida.

Para profissionais iniciantes e para estudantes, um dos primeiros exercícios deve ser o desenvolvimento do ciclo de caminhada (em inglês, *walk cycle*). No entanto, não apenas questões técnicas devem ser consideradas, ao contrário, é preciso que o animador tenha ciência do que se espera de sua criação. Se olharmos ao nosso redor, perceberemos que as pessoas não caminham da mesma forma. A formulação de personagens de animação deve avaliar as inúmeras maneiras de configurar esses ciclos. Por isso, a pesquisa é sempre importante: devemos ter referências, um vídeo que retrate o andar, a corrida e o pulo esperados pelo animador. A pesquisa referencial deve ser realizada de acordo com as características do personagem animado. O próximo passo é a parte da animação propriamente dita, que pode ser desenvolvida em vários *softwares* de animação 3D.

Os ciclos de animação são um ponto importante e, por isso, devem ser revisados. É preciso testar o *rig*, e desenvolver um ciclo de animação ajudará a testar sua usabilidade e seu funcionamento. Ciclos de animação (ou animação cíclica) são conjuntos de movimentos que se repetem durante a ação. O bater de asas de uma ave e o caminhar humano são exemplos de animação cíclica, como já mencionamos. Com poucas poses, o animador cria um ciclo modular, podendo ser repetido indefinidamente enquanto durar a ação. Criar um ciclo de caminhada por meio da técnica de pose a pose permite testar o funcionamento do *rig*. Um ciclo de caminhada pode ser composto da seguinte maneira:

- Pose inicial – o movimento começa com uma pose de contato. Nessa posição, ambos os pés estão em contato com o chão; o pé esquerdo à frente, toca o chão, e o direito, mais atrás, prepara-se para deslocar-se. Os braços fazem o movimento cruzado, de modo que o direito fica projetado para a frente, e o esquerdo, para trás.
- Pose de recuo – ambas as pernas se flexionam, criando o impulso para o próximo passo, o tronco se contrai, acompanhando o fluxo do movimento.
- Pose de passagem – o pé esquerdo fica fixo ao chão, e o corpo é impulsionado à frente. Enquanto a perna esquerda está esticada, a direita fica flexionada. Os braços desenvolvem um movimento de arco, estando junto ao corpo no momento de passagem.
- Pose do ápice – com a perna esquerda totalmente esticada, somente a ponta o pé toca o chão. O tronco se estica ao máximo, enquanto o joelho direito se projeta para frente; o braço direito ultrapassa o tronco levemente flexionado, criando um arco para trás, enquanto o braço esquerdo realiza o movimento inverso.
- Pose de contato – voltamos à posição inicial, porém, dessa vez, com a posição dos membros espelhada. Alguns *softwares* oferecem espelhamento por automação, poupando um bom

tempo de trabalho, mas se o recurso não estiver disponível, cabe ao animador desenvolver versões espelhadas para as poses de recuo, de passagem e de ápice.

Uma vez que o ciclo tenha sido concluído, o animador pode salvá-lo, criando uma biblioteca de animação para aplicações posteriores. Alguns detalhes podem ser acrescidos, como um leve balançar dos ombros e da cabeça, enriquecendo o ritmo do movimento. Para a automação e para a implementação de ciclos de animação, é necessário ter o *rig* de personagem e inserir os *keyframes* de cada parte da estrutura.

Keyframe é outro termo que deve ser revisado. Significa, literalmente, "quadro-chave" e refere-se às posições principais de uma sequência animada, determinando o início e o fim do movimento. Em um abrir de olhos, por exemplo, no primeiro quadro-chave, teríamos os olhos fechados e, alguns quadros à frente, um segundo quadro-chave com os olhos já abertos. Toda a interpolação – isto é, a criação dos quadros intermediários (*in-betweens*, no jargão da animação) entre os quadros-chave – das pálpebras seria criada pelo programa de animação.

Embora pareça ser automatizado, para a criação de um ciclo de caminhada eficiente, devemos configurar vários pequenos detalhes do movimento do personagem. Nos *softwares* de animação, esses detalhes, normalmente, são ajustados no editor de curvas, por isso, trata-se de uma ferramenta que será utilizada várias vezes, até que se alcance o movimento ideal para o ciclo dos passos do personagem.

Para criar uma animação com movimentos, não existem técnicas nem parâmetros: o toque pessoal do animador e o conhecimento de anatomia tornam o movimento mais natural. Antes mesmo de iniciar a modelagem em três dimensões, devemos ter versões da animação em duas dimensões e conhecer as deformações que podem acontecer com os personagens.

Caso um personagem necessite carregar uma pedra, por exemplo, deverá utilizar a força de um braço, esticando e abaixando o ombro do braço que sustenta a pedra, e levantar o outro braço para se equilibrar (Williams, 2001). Todo o corpo se movimenta para manter o equilíbrio (Blair, 1996). Da mesma forma, ao carregar o objeto com o corpo todo, é preciso atenção para que as poses fiquem equilibradas (Whitaker; Halas; Sito, 2009). No entanto, se o objeto for leve como uma pena, o corpo não se moverá mais, graças ao peso leve desse objeto (Williams, 2001).

Figura 4.2 – **Carregando a pedra pesada e a pena leve**

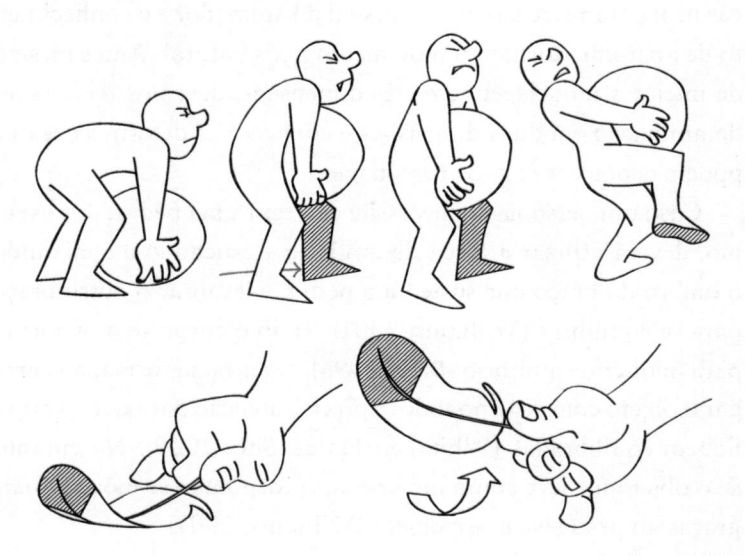

Fonte: Williams, 2001, p. 33.

O início da força corresponde à quantidade da força que será utilizada. No momento de carregar uma pedra, a força começa na bacia. Se o início da força é na bacia, o movimento que deve ser executado começa, também, na bacia e segue para os ombros e para os braços, terminando no objeto carregado (Whitaker; Halas; Sito, 2009).

Outro exemplo de direcionamento da força é a curvatura do tronco, seguindo (Whitaker; Halas; Sito, 2009). Ao carregar um objeto pesado, é fácil de perceber o tronco flexionado para trazer o peso para cima.

Figura 4.3 – **Peso e equilíbrio**

Fonte: Blair, 1996, p. 15.

A anatomia do personagem também deve ser levada em consideração. Se usarmos como exemplo personagens pesados, como um elefante, suas ações reunirão uma grande influência da gravidade (Blair, 1996). Isso significa que será necessário que o personagem disponha de mais força para se mover (Whitaker; Halas; Sito, 2009) e para se recuperar de alguma ação, como uma queda (Blair, 1996). Ainda, pelo fato de haver gravidade, a queda é mais rápida, até o momento em que o personagem começa a se recuperar (Blair, 1996).

Figura 4.4 – **Elefante andando**

Fonte: Blair, 1996, p. 15.

No caso de personagens leves e mais ágeis, é preciso transmitir mais a sensação de mobilidade e de "flutuar" (Blair, 1996). Graças à necessidade de ter menos força para se movimentar, suas ações são mais rápidas (Whitaker; Halas; Sito, 2009) e tendem a ficar mais tempo no ar, por haver menos influência da gravidade e se levantam com mais rapidez (Blair, 1996).

Figura 4.5 – **Coelho saltando**

Fonte: Blair, 1996, p. 16.

Outro aspecto que deve ser observado é a troca do peso. Pense neste exemplo: no decorrer de uma caminhada, há a troca de peso de um pé para o outro, do que está em contato com chão para o que está se levantando (Williams, 2001). Para manter o equilíbrio, o ombro vira para o lado oposto à bacia, que gira por uma das pernas que está carregando o peso (Williams, 2001), como acontece no exemplo a seguir.

Figura 4.6 – **Walk cycle**

Fonte: Williams, 2001, p. 56.

Esses fundamentos foram adotados pelos estúdios Disney e serviram como características da própria linguagem da animação. Até hoje, com a tecnologia de modelagem 3D, são utilizados pelos animadores.

SÍNTESE

O desenvolvimento de uma animação considerada profissional, normalmente, adota os fundamentos apresentados neste capítulo, para que a *performance* dos personagens dos desenhos fique mais parecida com movimentos reais. Isso dá vida às animações!

O cinema de animação tornou-se um marco da indústria cinematográfica, gerando uma nova forma de arte complexa e engenhosa, com a participação de vários profissionais. Além disso, teve o êxito de criar personagens com carisma e personalidade marcantes. Atualmente, a animação é considerada uma forma de entretenimento refinada em meio à indústria do cinema.

True Touch Lifestyle/Shutterstock

CAPÍTULO 5

TÉCNICAS AVANÇADAS DE *RIGGING*

Nesta unidade, apresentaremos técnicas avançadas de *rigging* relacionadas aos fundamentos dos *drives* e dos controladores de animação. Abordaremos, também, o uso de expressões e da programação de rotinas.

5.1 Drives

Existe uma vasta diversidade de *softwares* para executar a conexão de atributos para *rigging*. No *software* Maya, duas ferramentas se destacam: (i) o *connection editor* e (ii) a *set driven key*. O *connection editor* possibilita a ligação entre dois atributos de maneira simples e rápida. Para executar essa ação, é necessário que um objeto seja de entrada (*input*) e que o outro seja de saída (*output*). Posteriormente, essa conexão resultará em alterações em ambos os atributos.

A função *set driven key*, no *software* de modelagem e de animação em três dimensões Maya, também tem a função de conectar dois atributos. Uma das principais diferenças da *set driven key* em relação ao *connection editor* está relacionada aos valores: na primeira, os valores são determinados pelo utilizador, e no segundo, os valores serão copiados. Por exemplo, se a *set driven key* associar o valor 0 ao atributo de rotação (*rotate*) de entrada, o atributo rotação (*rotate*) de saída também receberá o valor 0. Posteriormente, no momento em que o atributo rotação (*rotate*) de entrada for igual a 10, o atributo rotação (*rotate*) de saída será igual a 360. Nessa situação, o Maya executa a interpolação dos valores intermediários por meio de animação, valorizando, assim, o atributo principal no controle de tempo. Isso acontece porque permite a repetição do processo com valores distintos, em momentos diferentes, para a animação do objeto.

Os *drives* facilitam o processo de animação de vários objetos, possibilitando a repetição com valores distintos para a criação de um vínculo de dependência entre um par de atributos. Mudar um atributo no *driver* executa a alteração do valor do atributo dirigido. Assim, a animação do atributo é conduzida sem a necessidade de configuração manual.

A *set driven key* torna o desenvolvimento de alguns tipos de animação bem mais eficiente, em razão de utilizar teclas de orientação. No caso de uma animação cujo objetivo é abrir uma porta quando um personagem estiver à sua frente, é importante conhecer o *link* entre dois objetos. Desse modo, o movimento de um objeto será transferido para outro *keyframe* sem quadros atribuídos.

Para o mesmo exemplo, se usarmos o editor gráfico do Maya para executar ajustes da animação do objeto orientado, devemos definir um intervalo que seja suficiente para que visualizemos claramente a animação.

Continuando a produção desse exemplo, uma bola pode ser criada e posicionada no menu de visualização da cena em preparação para a animação. Após esses procedimentos, executaremos os seguintes passos:

- criar uma nova cena;
- ir para o para o quadro inicial;
- criar um cubo poligonal;
- nomear como porta ou door;

- atribuir as dimensões de uma porta;
- posicionar o objeto no editor corretamente.

Depois da criação da cena e da porta, desenvolveremos a bola. Para isso, são necessários os seguintes procedimentos.

- criar uma pequena esfera poligonal;
- nomear como bola ou *ball*;
- atribuir as dimensões de uma bola;
- posicionar o objeto no editor corretamente.

As posições indicadas são 0, para o eixo X; 1, para o eixo Y; e 10, para o eixo Z. Após o posicionamento, aplicaremos cores ou materiais à bola e à porta, em seguida, usaremos o *set driven key* para criar o *link* dos atributos. Primeiramente, faremos a ligação do movimento da porta com o movimento da bola, ativaremos a porta e, depois, no Maya, escolheremos *animate*, *set driven key* e, por último, "definir". Esses procedimentos abrirão o conjunto *driven* da janela com a porta na lista *driven*.

Na janela aberta, clicaremos na opção *translate Y*, na lista *driven*. Esse atributo tem a função de impulsionar o movimento da bola. Então, selecionaremos a bola na exibição da cena. Na opção definir *driven*, escolheremos a opção "carregar *driver*". Nesse momento, a esfera aparecerá na lista de controladores, na janela *set driven key*; clicaremos na opção *translate Z* e, a seguir, na lista de controladores, que executarão a condução do movimento da porta. Depois de selecionarmos um atributo na lista de *driver*, será possível a definição de apenas uma chave.

O próximo passo, na janela de definir *driven*, é clicar em "chave", que executará a configuração de uma relação orientada que ligará a corrente *translate* valor Z da bola ao atual valor Y *translate* da porta. No momento em que a bola *translate* Z estiver nessa posição, a porta *translate* Y será sua posição atual. Dessa forma, o regulador de tempo não estará envolvido em um relacionamento orientado e não apresentará marcador vermelho para as chaves. Depois, será necessário mover a bola de posição, e a porta se moverá por cima da bola. Na janela *set driven*, clicaremos em "chave" (*key*), configurando outra chave para a corrente entre *translate* valor Z da bola e valor Y *translate* da porta.

Figura 5.1 – **Exemplo das configurações do *set driven key*, extraído do *software* Maya**

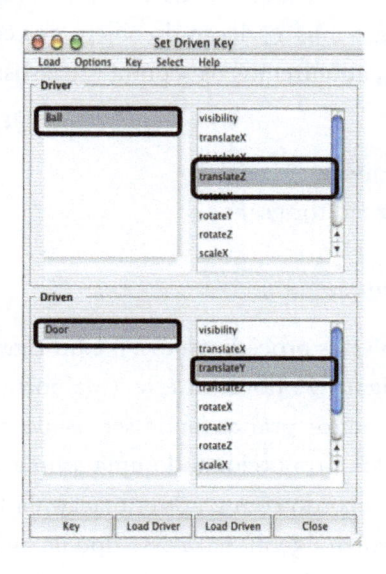

Depois, moveremos a bola para a direita da porta e abaixaremos a porta para sua posição anterior. Logo após, na janela definir *driven*, clicaremos, novamente, em "chave" (*key*), que fará a configuração de outra chave para impulsionar os atributos. Assim, serão definidas três chaves para os valores do atributo em posições diferentes. O *software* Maya interpola os valores ligados para gerar os valores entre as chaves. Caso a bola seja arrastada em direção à porta, esta subirá suavemente. Quando os procedimentos forem finalizados, deveremos verificar o resultado da animação no editor gráfico.

As curvas das animações decorrem das definições das chaves, por isso, devem ser bem analisadas. Para que as visualizemos no editor gráfico, faremos a seleção do objeto que contém o atributo e, na sequência, adotaremos os seguintes passos:

- janela;
- animação editores;
- *graph editor* (editor gráfico);
- exibir;
- todos os *frames*.

Executando esses procedimentos, o editor gráfico apresentará as chaves que ligam o valor *translate* Y da porta ao valor da bola Z *translate*. O editor gráfico pode ser usado para a edição do formato da curva, proporcionando uma animação mais lenta ou mais rápida, de acordo com a aproximação da bola à porta, por exemplo. De maneira geral, para esse tipo de animação, devemos definir a direção da chave em relação aos valores de um atributo de um *link* para outro, mas este não é direcionado para animação reproduzida automaticamente.

Embora esse processo esteja ligado ao valor de um atributo que o conduz sem indicação de tempo de animação, podemos utilizar as chaves de animação para fazer a regulação desse tempo e para indicar caminhos de movimento e expressões. É possível, também, aplicar outras técnicas para animar os atributos de condução, desse modo, o atributo dirigido é animado de maneira indireta. Utilizando os recursos da *set driven key*, realizamos as definições de chaves com objetivo de controlar um atributo dirigido por múltiplos atributos de condução. Ter o controle da protuberância do músculo durante o movimento do cotovelo é um exemplo disso.

Outra maneira de utilizar *drives* é a sincronização dos rápidos movimentos labiais e da língua durante uma fala, processo conhecido como *lip sync*. Sua função é indicar como serão elaboradas as deformações do rosto do personagem nas diferentes posições faciais. Existem algumas maneiras de executar essa sincronização, as quais são apresentadas a seguir:

- *Data driven* – corresponde a técnicas que utilizam sequências de imagens reais para a implementação do sincronismo labial.
- *Speech driven* – consiste no uso do som da fala como meio de determinar as poses labiais.
- Híbrida – utiliza as técnicas de *data driven* e de *speech driven* em conjunto, com objetivo de obter um resultado mais fidedigno.
- *Text driven* – engloba técnicas de aquisição de fonemas a partir de uma entrada de texto.

Observe um exemplo prático da gravação do texto "como vai você". Esse texto deve ser pronunciado pausadamente, para ficar claro visualmente durante a apresentação do gráfico. Depois da gravação, o som é medido, e o tempo exato é indicado no *storyboard*, com todas as informações técnicas de pausa ou *bit* no caso de uma música. Com essas informações, elaboramos a medição de som, também conhecida como *bar sheet*, de acordo com as ondas do som. Para medir o som, a primeira etapa é determinar o texto; separar, sílaba por sílaba, as palavras; e transformá-las em unidades de quadros – isto é, definir o tempo de cada sílaba por quadro.

Figura 5.2 – **Exemplo de separação de sílaba, extraído do *software* Maya**

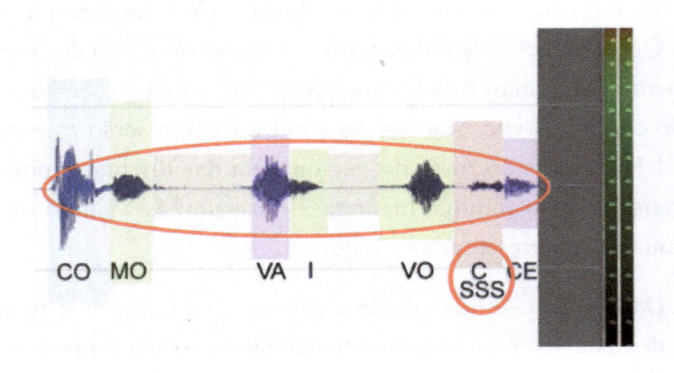

No momento em que a medição de som é elaborada, o mais importante é a fonética, não a forma escrita da palavra. Sendo assim, cedilha e outros grafismos são irrelevantes, e o foco será o som da sílaba. Dessa forma, o prolongamento de um fonema deve ser marcado, para que o movimento da boca do personagem corresponda ao som emitido. A marcação continua com a próxima sílaba, que deve começar, exatamente, no quadro seguinte ao do fim da marcação da sílaba anterior.

A Figura 5.2 mostra todas as sílabas marcadas – isto é, apenas a representação gráfica do processo. As sílabas são selecionadas uma a uma, em sequência e, imediatamente, são marcadas na ficha de animação. Uma vez que o intervalo entre as sílabas tenha sido marcado, inicia-se a contagem dos quadros de cada sílaba.

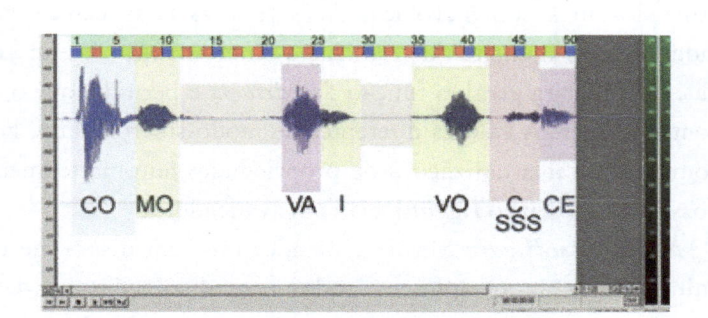

Figura 5.3 – **Representação dos quadros, extraída do *software* Maya**

De acordo com a Figura 5.3, cada sílaba representa quadros específicos:

- sílaba CO – quadros de 1 a 6;
- sílaba MO – quadros de 7 a 10;
- pausa indicada nos quadros de 11 a 21;
- sílaba VA – quadros de 22 a 25,
- segmento I – quadros de 26 a 29;
- pausa nos quadros de 30 a 34;
- sílaba VO –quadros de 35 a 41;
- SSS – prolongamento de [s] nos quadros de 42 a 46;
- sílaba CE – quadros de 47 a 50.

Nesses quadros, são identificados os momentos de abertura e de fechamento da boca na animação, portanto, devem ser considerados no processo de *rigging*. Conforme os personagens são criados, recomendamos a elaboração de estudos detalhados de sua anatomia, os quais podem resultar em um mapa de bocas.

Nas animações em duas dimensões, esses recursos eram muitos utilizados, mas, com a evolução dos *softwares* e das técnicas adotadas, outras maneiras de realizar a sincronização foram criadas. De maneira geral, a função dos *drivers* é permitir que o *rig* controle diversos valores diferentes de modo sincronizado, bem como executar atualizações de propriedades automaticamente, possibilitando que o *rigging* seja bem avançado.

Além do *software* Maya, o Blender também dispõe de um painel de *drives*, que apresenta todas as configurações que determinam os canais de transformações, as propriedades de objeto e as distâncias relativas entre objetos. Há vários tipos de *drives* no *software* Blender:

- os de função integrada, que correspondem, por exemplo, à soma dos valores das variáveis;
- os de expressão de *script*, uma expressão *Python* arbitrária que se refere às variáveis por seus nomes.

O tipo de expressão de *script* produz um único valor, que muda quando as variáveis se alteram. Esse valor é avaliado por meio da curva da função direcionadora, a fim de produzir o resultado a ser aplicado à propriedade direcionada. Para entender melhor isso, perceba que, no momento em que o *driver* usar uma expressão com *script*, o *software* Blender pode avaliá-la sem recorrer ao interpretador Python completo – caso seja simples o suficiente.

Esses procedimentos indicam que os *drivers* são avaliados rapidamente, com divisões, com adições e com outras expressões simples, ao passo que as funções integradas sempre são avaliadas nativamente. Se a expressão não for simples, será avaliada em

Python, de modo que o *driver* ficará mais lento, havendo um risco de segurança se o autor do código Python for desconhecido. Isso é importante de ser considerado tanto em cenas pesadas quanto no compartilhamento de arquivos com outras pessoas.

5.2 Controladores de animação

No processo de criação de *rigging*, existem diversas etapas que precisam ser avaliadas. A primeira é o desenvolvimento de um esqueleto, para que seja possível animar o personagem. Depois, devemos pensar nos controladores de animação, com o intuito de executar todos os recursos que o *rig* permite.

De certa maneira, é possível considerar que os controladores são a interface por meio da qual o animador desenvolve todo o processo de animação dos personagens: as informações da movimentação dos personagens ficam armazenadas nos controladores. O esqueleto tem o controle da modelagem, e os controladores têm o domínio do movimento dos ossos do esqueleto. Por meio dos *drivers* e dos deformadores, os *rigs* criam as ações de cada controlador.

> É importante revisar que, na posição de base do personagem, os controladores devem ter, todos, valor 0, facilitando o trabalho da animação, por não haver a necessidade de posicionar o personagem na sua posição de base. No Maya, para indicar o valor 0 para todos os atributos, utiliza-se a ferramenta *freeze transformations* (Allen; Murdock, 2008).

Para os controladores funcionarem corretamente, é fundamental que o pivô – centro das transformações de cada controlador – esteja na posição correta. Nos ossos de um dos braços, por exemplo, será composto pelo cotovelo, pelo ombro e pelos ossos da mão. Se o movimento for o de rodar o ombro do personagem, o pivô deverá ser direcionado ao local em que o osso do ombro estiver, funcionamento como o centro da rotação. No *software* Maya, para alterar a posição do pivô, devemos acionar a tecla *insert* e pressionar a tecla "d". Também é possível otimizar os *rigs* e controlar vários deformadores e ossos com apenas um controlador.

Para otimizar os controladores no *software* Maya, podemos empregar a ferramenta *add atribute*, por meio da qual faremos a adição de mais atributos a um controlador. Tendo em vista que o *software* Maya não dispõe de um ajuste perfeito de *skin*, devemos executar o melhoramento da deformação da malha, para o que utilizaremos a ferramenta *paint skin weights tool* (em português, "pincel de correção de peso de pele"). Podem acontecer várias situações em que isso será necessário: por exemplo, no deslocamento de um *joint* da perna esquerda de uma personagem, a perna direita pode ser movida sem intenção. Ainda, no momento da aplicação da função de ligação de pele suave – *smooth bind* –, os *joints* deformam a malha mais próxima, promovendo o deslocamento indesejado de um *joint*.

Para evitar erros, recomendamos que sejam efetuados os ajustes disponíveis na aba "*skin*", os quais estão presentes na ferramenta *paint skin weights tool*. Essa ferramenta retira a influência do peso em relação às malhas indesejadas, algo que acontece quando uma parte do personagem é movimentada. Espera-se que apenas a parte que se deseja alterar seja movimentada.

De acordo com Pinheiro (2004, p. 22), "geralmente criamos curvas (Control Vertex) como controles e modificamos as formas editando os vértices para tornar mais intuitiva para os animadores". Assim, os *control vertex* ou controladores, na prática, são círculos cujo objetivo principal é manipular os *joints*, sem que percam sua posição original.

A criação de uma mecânica ou sistema de juntas (*joint*) de esqueleto é a função prática do *rigging* que liga as partes malha, também conhecidas como *mesh*, de um personagem em três dimensões, objetivando que, no processo de animação, possa movimentar as partes. Dessa forma, simula movimentos, gerando a animação da personagem.

Os controles podem ser aplicados não apenas nos personagens com características similares às dos seres humanos, existe também o *rig* denominado *inorgânico*. A simulação de um carro em funcionamento com características reais é um exemplo de *rigging* inorgânico, por necessitar de vários controladores, com o objetivo de executar a manipulação das rodas, dos eixos dianteiros e traseiros e das aberturas das portas. Para cada componente do carro que se movimentar, há vários controladores de animação, sendo os mais comuns os seguintes:

- movimentação (mudança de posição);
- execução de giros (alteração de ângulos);
- dimensionamento (mudança de tamanho).

Os controladores de dimensionamento também são conhecidos como *controladores de transformação*. Cada parte ou trilha de animação pode ter seu próprio controlador. Logo, pode haver um controlador de movimentação, outro de dimensionamento e assim por diante.

Levando em consideração a hierarquia, as trilhas do controlador são representadas por ícones. Para melhor compreendermos, entendamos que uma trilha é uma representação linear da animação no decorrer do tempo. Podemos, como exemplo, imaginar uma trilha como uma longa ferrovia reta cujas extremidades são início e o término da animação. Cada chave de animação aparece na trilha no momento de sua ocorrência, cada item, na hierarquia vista de trilha, dispõe de uma trilha que exibe como se altera com o passar do tempo.

Há vários tipos de trilhas disponíveis no *software* 3D Max, os quais contêm os valores animados reais para um item. É importante destacar que apenas os itens controladores têm uma trilha de animação e que os valores atribuídos a uma trilha de animação são exibidos, geralmente, como chaves. Alguns controladores não utilizam chaves, em vez disso, mostram seus valores ou como uma barra de intervalo ou como algum outro símbolo gráfico. A trilha de animação é a única que pode ser exibida como uma função de curva. Por sua vez, as trilhas de intervalo têm a função de indicar o intervalo de tempo em que a animação acontece. Para acrescentar o intervalo à barra de trilha, devemos adotar os procedimentos a seguir:

- selecionar as chaves para o intervalo;
- clicar com o botão direito do *mouse*;
- escolher a opção configurar;
- mostrar intervalo de seleção.

O intervalo pode ser editado se arrastarmos a trilha ou suas extremidades finais. Conforme o controlador atribuído, os ícones podem ser diferentes, por exemplo, o ícone flutuante de ruído é distinto de um ícone ponto flutuante de Bézier. Na barra de ferramentas do *software* 3D Max, que é denominada *vista de trilha*, ao ativar a exibição de controladores, conseguimos visualizar os pontos específicos atribuídos a cada trilha. Para executar esse procedimento, devemos clicar, com o botão direito do *mouse* em "filtros" e escolher a opção tipos de controlador. Assim, os nomes dos controladores aparecerão próximo das trilhas às quais são atribuídos. Como é permitida a atribuição de distintos controladores às trilhas, isso afetará a maneira como esses controladores responderão.

O controlador permite o deslocamento de objetos por meio de recursos da ferramenta de transformação, sendo necessário selecionar, mover e converter esses movimentos com o recurso *splines* Bézier. No *software* 3D Max, os ajustes das *splines* são possíveis no modo de edição função de curva. Esse *software* adota um controlador de animação, que pode ser considerado um *plug-in* que domina o armazenamento e a interpolação de todos os dados dos valores animados. Os controladores específicos de transformação padrão são os seguintes:

- Euler XYZ para rotação;
- Posição XYZ;
- Escala de Bézier.

Para ter um acesso rápido aos parâmetros do controlador, devemos clicar duas vezes em seu nome de trilha ou na janela de hierarquia que recebe o nome de "vista de trilha" ou no painel "movimento". Esse pequeno procedimento otimiza o desenvolvimento do *rigging*, aumentando sua produtividade e acelerando os ajustes da animação.

A maioria das animações é guiada pelo controlador Bézier, cujo processo de animação ocorre pela interpolação de quadros-chave em um curva suave. O ajuste das interpolações acontece na vista de trilha ou barra de trilha. O modo mais fácil de controlar a aceleração e outros tipos de movimento é o Euler XYZ, o controlador padrão para a rotação, que faz a divisão da rotação em três distintas trilhas de flutuação de Bézier individuais. Por sua vez, o controlador para posição padrão é o Posição XYZ, que, também, subdivide-se em três trilhas de flutuação de Bézier. Por fim, o controlador restrição é considerado um controlador especial do 3D Max. Geralmente, é usado quando é necessário automatizar o processo de animação, sendo possível utilizá-lo com o objetivo de controlar a posição de um objeto.

Existem inúmeras maneiras de aplicar uma restrição de controladores, uma delas é por meio de comandos no menu "animação". Quando um controlador é atribuído nesse menu, um controlador de lista poderá automaticamente ser visualizado no primeiro lugar da lista.

O controlador que recebe o nome de lista proporciona a mesclagem de controladores por meio de espessura de simulação de um sistema de animação não linear, ou seja, animação que não é desenvolvida na sequência natural. Pode ser encontrado no painel movimento, que fornece ferramentas especiais para o gerenciamento da lista.

> Alguns controladores, como os de procedimentos – por exemplo, o de ruído (*noise*) –, não usam quadros-chaves. Para esse tipo de controle, devemos executar uma análise e a alteração da animação por meio da edição dos parâmetros do controlador. Nesse caso, utilizaremos a caixa de diálogo propriedades (*properties*). O tipo de controle é determinado pelo fato de o controlador exibir ou não uma caixa de diálogo de propriedades e pelo tipo de informação exibida.

Para cada parâmetro, existe um tipo de controlador padrão, o qual é atribuído quando o parâmetro é animado, possibilitando a escolha entre vários tipos de controlador, para quaisquer parâmetros, e também a alteração dos controladores após o parâmetro ser animado.

A especificação dos padrões permanentes para os tipos de controladores e para as configurações do controlador deve coincidir com o modo com o qual temos a intenção de trabalhar. Os controladores XYZ podem atribuir uma trilha individual aos componentes X, Y e Z em relação à rotação, à posição e à escala de um objeto: por padrão, fazem a atribuição de três chaves, uma para cada eixo.

Os controladores de flutuação estão apenas disponíveis para os parâmetros que usam o tipo de dados flutuantes, e os controladores de transformação são compostos e definem o tipo e o comportamento dos controladores usados para escala, para rotação e posição. O controlador de posição é um componente do controlador de transformação, e a posição é um tipo de dado que pode usar a maioria dos controladores, como o Bézier de ruído. O controlador específico de rotação é, também, um componente do controlador transformação. Igualmente, a rotação é um tipo de dado que pode usar a maioria dos controladores.

> O *3D Max* dispõe de controladores de animação de cores que possibilitam a animação da maioria dos parâmetros das configurações de cores.

Os controladores de transformação são divididos em cúbico e em baricêntrico. Esses dois controladores gerenciam a forma como os alvos de transformação se combinam, e todos os controladores podem ser atribuídos e ajustados no painel movimento.

É importante salientar que, além da modelagem em três dimensões, a aplicação de *rigging* acontece em um ambiente em 3D cujas posições são indicadas com valores nos eixos X, Y e Z. Sendo assim, os controladores são criados para permanecer com os valores dos três eixos zerados, sendo capazes de posicionar uma modelagem em 3D em sua posição de origem sempre que for necessário. Isso facilita o trabalho dos profissionais que executam a animação, pois minimiza a possibilidade de que cometam erros ao mover e ao utilizar os controladores.

Depois que os controladores forem finalizados, os animadores e/ou o diretor de arte do projeto devem verificar se cada deformação está de acordo com o que era esperado. Somente assim, o *rig* poderá ser considerado finalizado.

5.3 Uso de expressões

Finalizados os principais *rigs* de esqueleto relacionados à movimentação das pernas e dos braços, devemos pensar no uso de expressões – ou seja, na animação do rosto. Nesse sentido, levaremos em consideração a sincronização dos lábios do personagem quanto à dublagem, caso exista diálogo. Nessa situação, normalmente, são modeladas a forma da boca e as expressões faciais. Para fazer essa modelagem, se um desenho não for tomado como base, recomendamos, primeiramente, fazer um rascunho. Não existe um padrão para esse procedimento.

Depois de o esboço ter sido terminado, o próximo passo será estruturar a boca. Podemos utilizar as técnicas de *edge loop* nessa etapa, executando ajustes para obter um melhor refinamento da modelagem. Selecionaremos, editaremos e moldaremos os vértices na malha dos polígonos, até nos aproximarmos de uma forma similar à de uma boca real.

Depois de o rosto e a boca serem modelados, deve-se levar em consideração que, na modelagem 3D e na movimentação, sua formação será por vértices, e não por ossos, como acontece com as demais estruturas do personagem. Na movimentação do uso das expressões do rosto, são empregadas as *shape keys*, que são mais usadas para definir a posição dos vértices. Essas *shape keys* possibilitam que misturemos diversas movimentações do rosto, facilitando a sincronização dos lábios com o som. Quando trabalhamos com sincronização de som e de expressões faciais, percebemos que se trata de um processo bastante complexo e demorado.

Nos diversos tipos de animações em que o *rigging* pode ser aplicado, a preocupação do profissional responsável pela animação vai muito além de apenas procurar os movimentos perfeitos para representar as ações dos personagens. O animador tem a função e a necessidade de se atentar às expressões faciais e de elaborar um estudo mais aprofundado dos movimentos, principalmente se a animação for para um jogo. As ações de um jogo não podem ser previsíveis e devem possibilitar inúmeras interações, mas, para isso, o animador precisa planejar como essas interações se refletirão nas animações dos movimentos e das expressões faciais, transmitindo a maior sensação de naturalidade que for possível.

Por todos esses motivos, é recomendável que os profissionais responsáveis por animações tenham conhecimentos avançados dos princípios da animação e do contexto do jogo em que serão executadas. No caso de animações para *games*, deve existir uma preocupação com o aprofundamento da história, com seus objetivos e com suas referências. Conhecimentos avançados da anatomia do corpo humano em movimento e das técnicas de atuação são relevantes e essenciais.

Essa gama de informações facilita a estruturação das particularidades de uma animação e ajuda a definir padrões de expressão facial, como o do formato do rosto. Frank Thomas e Ollie Johnston afirmam, no livro *The Illusion of Life: Disney Animation*, de

1981, que a mudança de formato mostra o que o personagem está pensando. Portanto, o pensamento dá a ilusão de vida, e a vida dá sentido à expressão.

Nas animações dos movimentos faciais, é preciso lembrar de avaliar que o movimento labial ocorre de acordo com a sílaba pronunciada e, portanto, interfere nas expressões do rosto, tornando os conhecimentos mencionados fundamentais para que a animação das expressões faciais do personagem seja natural.

Nas animações em que os personagens conversam, é importante representar o movimento labial e o movimento da língua durante a fala, parte essencial do uso das expressões e da animação facial. A habilidade de escutar e entender o que um indivíduo fala não vem somente do som, mas também da associação do som com os movimentos labiais. Dessa maneira, principalmente no ambiente de uma animação, para compreender o que um personagem fala, é preciso que a informação visual seja coerente com as palavras pronunciadas.

O sincronismo labial é considerado uma atividade bimodal, ou seja, é uma combinação da informação visual com a informação sonora. Existem algumas regras que ajudam o animador a manter uma coerência espacial, temporal e da fonte, são elas:

- a coerência espacial se refere à habilidade do ser humano de entender a harmonia do uso das expressões, como aquela existente na combinação entre expressões faciais e o som;
- a coerência temporal é a velocidade da fala em relação aos movimentos labiais;

- a coerência da fonte garante que o que está sendo dito esteja em harmonia com o que está sendo representado nas expressões labiais.

Todo esse processo deve ser feito antes mesmo de o desenvolvimento da animação ser iniciado: desde o momento em que o *storyboard* estiver finalizado e aprovado, todos os diálogos devem ser gravados. Isso deve acontecer não simplesmente para determinar o tempo da animação de cada cena, mas para definir o ritmo e o *timing* das expressões dos personagens, especialmente o movimento labial. Um recurso muito utilizado é a captura em vídeo das expressões faciais dos atores que dublam a animação. Esse material serve de referência para o animador, que leva tudo em consideração, até mesmo os gestos feitos pelos atores.

Utilizando o *software* Maya, a partir da criação de uma base *mesh* (máscara de base), que pode ser modelada no Mudbox, gera-se uma retopologia própria. Após a abertura da malha, faz-se a geração de todos os detalhamentos e da composição da pintura aplicada no Mudbox. A malha poligonal feita no Mudbox precisa ser otimizada para que tenha alta resolução, demandando uma topologia gerada pelo *Maya* para obter mais naturalidade.

Embora, muitas vezes, a estrutura de *rigging* seja batizada de *bones* (ossos) ou de *esqueleto*, sua interferência sobre a malha poligonal está mais próxima do funcionamento dos músculos e dos tendões. A estrutura de *rigging* não só possibilita o trabalho de articulação, mas também permite a deformação da malha (a complexidade das expressões faciais se deve muito mais ao trabalho muscular do que ao ósseo).

Além de desenvolver a modelagem de uma forma considerada artística, o uso das expressões pode ser modelado de maneira totalmente técnica, utilizando posições das expressões a partir de uma referência. Um desses procedimentos é a adoção de *blueprint*, o qual, geralmente, é empregado na modelagem de objetos inanimados, como casas, utensílios, automóveis, móveis etc. Também pode ser utilizado em expressões.

> *Blueprint* nada mais é do que um gabarito usado na elaboração de desenhos técnicos de engenharia, de arquitetura e de modelagem e de animação 3D. São adotadas referências de um desenho 2D em diversas vistas, com o objetivo de servir como orientação para o desenvolvimento da modelagem. O *blueprint*, originalmente, era composto de linhas brancas em um fundo azul. Seu nome se deve ao fato de que eram modelos impressos.

Quando uma modelagem ou animação em três dimensões é mais técnica, é importante que seja orientada; portanto, durante a construção objetos e de personagens complexos, devemos respeitar as proporções corretas. Nesse sentido, a utilização de *blueprints* como guias visuais é importante; caso não seja utilizada uma referência visual, a modelagem e a animação podem ser consideradas mais experimentais do que comerciais.

Embora os profissionais que trabalham com modelagem sejam considerados artistas 3D, os processos de modelagem e de animação são mais técnicos do que artísticos. Por isso, a utilização de *blueprints* é extremamente aconselhável na maioria dos projetos de modelagem e de animação em três dimensões; os arquivos de referências de *blueprint* estão disponíveis em várias plataformas, sendo algumas versões gratuitas e outras pagas. Diversas produtoras que trabalham com modelagem e com animação em 3D têm sua própria biblioteca de *blueprints* para facilitar o desenvolvimento das modelagens e das animações.

Quase todos os *softwares* de modelagem 3D permitem a utilização de *blueprints*, normalmente como plano de fundo ou na primeira camada da modelagem. Quando estamos modelando e animando com *blueprints* como referência, o ideal é que tenhamos desenhos técnicos de vários ângulos ou, no mínimo, de três vistas: *front* (frontal), *side* (vista lateral) e *top* (vista superior). Para importar um *blueprint* com o *software* Maya, devemos usar o recurso *image plane*. Primeiramente, utilizaremos o menu *view*; em seguida, selecionamos a opção *image plane*; e, depois, escolheremos a opção *import image*.

No momento da operação dos *softwares* de modelagem 3D, devemos ter a preocupação de importar cada imagem na vista certa: a imagem *front* deve ser importada na vista frontal; a *side*, na vista lateral, e assim sucessivamente. Depois de o *blueprint* ter sido importado para o *software* Maya, caso seja necessário fazer alguma alteração – como modificar as dimensões e quaisquer atributos –, usamos o menu *view*. Em seguida, escolhemos a opção *image plane*. Depois, em *image plane attributes*, selecionamos o nome do arquivo da imagem.

Seguindo esses passos, será aberta a caixa de diálogo do *attribute editor*. Na sessão *placement extras*, podem ser alterados os parâmetros da largura, no campo *width*; e da altura, no campo *height*. Na caixa de diálogo do *attribute editor*, no *software* de modelagem em três dimensões *Maya*, também é possível visualizar uma miniatura da imagem, para termos certeza de que alteraremos a imagem correta.

Antes de iniciar o processo de modelagem e de animação por *blueprint*, é importante que as referências estejam configuradas corretamente. Ao importar uma imagem, ela estará associada às câmeras. Para ocultar uma imagem, basta desabilitar a câmera correspondente e, para ocultar uma câmera com o *software* Maya, devemos ir ao menu *show* e desabilitar a opção *cameras* da vista escolhida. Depois desse processo, importaremos um primitivo e começaremos o processo de modelagem da expressão facial.

A técnica de modelagem por *blueprints* proporciona resultados precisos, desde que seja desenvolvida com um bom planejamento. Recomendamos que, antes de iniciá-la, as imagens de referência sejam analisadas, a fim de verificar se as configurações estão corretas e se a qualidade do desenho técnico é adequada. O primeiro procedimento é encontrar um *blueprint* que atenda às necessidades da modelagem e da animação 3D. Geralmente, farão parte da equipe de produção profissionais especializados no desenvolvimento de desenhos técnicos, os quais criarão *blueprints* personalizados para o uso das expressões de cada projeto.

O profissional que trabalha com modelagem e animação 3D deve conhecer os fundamentos técnicos de um *blueprint* para saber solicitar corretamente um desenho. Dessa forma, erros e eventual refação do trabalho são evitados. É fundamental que o *blueprint* seja desenvolvido com precisão, nas escalas adequadas, em pelo menos três vistas principais, como já mencionamos anteriormente – frontal, lateral e superior. Indicamos ter uma versão como referência da expressão, pois, assim, é possível visualizar e ter uma noção mais clara de como é a expectativa do resultado do uso das expressões.

Blueprints bem desenvolvidos não são suficientes para garantir a qualidade de uma modelagem e de uma animação 3D. Além disso, devem ser importados de maneira correta, e, nos *softwares* de modelagem, ser visualizados nas *viewports*. É fundamental que, além de conhecer os comandos básicos para a edição e para a manipulação do *software* 3D, saibamos como funciona a navegação das *viewports* – isto é, entender como utilizar e visualizar, com eficiência, as vistas ortogonais e de câmeras em que são inseridos os *blueprints*. Isso deve ser feito de maneira bem dinâmica, para que possam ser utilizados com praticidade.

5.4 Programação de rotinas

A programação de rotinas nada mais é do que a programação de elementos que podem ser ativados conforme os parâmetros de uma animação. Por exemplo, um helicóptero tem hélices no topo e na cauda, e a animação da hélice da cauda pode começar no momento em que as hélices do topo forem ativadas. Essa será uma reação de ativação feita no momento exato, atribuindo mais naturalidade à animação, pois é o que acontece em um helicóptero real.

Na programação de rotinas no *software* Maya, é possível utilizar o recurso *blend shape*, que deforma as formas de mistura ou interpolação entre as variações de formas geométricas. Isso pode ser feito com o uso de uma ou de mais maneiras de mistura ou com a duplicação do modelo original. Na prática, utiliza-se na animação de expressões faciais de personagens e, normalmente, executam-se várias duplicações da cabeça do modelo original para realizar diversas expressões. A técnica é parecida com a de animação em *stop motion*, em que o animador precisa mudar manualmente as expressões faciais (Palamar, 2014).

Também é possível utilizar o recurso de *forward kinematics*, que nada mais é do que a cinemática direta de manipulação dos *joints* (articulações) do topo da hierarquia para baixo. Quando um *joint* é movido da cintura de um personagem, todos os demais se movem (Maestri, 2006). A *inverse kinematics*, cinemática inversa, assunto de que já tratamos anteriormente, é outra maneira de manipular os *joints* (articulações) do personagem, desobedecendo à hierarquia. A *inverse kinematics* pode manipular *joints* independentemente de sua posição hierárquica, resolvendo problemas de controle da cintura do personagem sem interferir em seus pés (Maestri, 2006).

O pé reverso é outro recurso de programação de rotinas, sendo considerado uma hierarquia de junção complexa ajustada ao controle de *inverse kinematics*. Ele tem a função de deslocar a perna e o pé, em razão de envolver o desenvolvimento de nós de grupo utilizados como pontos pivô do esqueleto, visto que, no momento em que o pé rola para trás, deve firmar-se para trás, no salto. Quando rola para frente, deve firmar-se no abaulado do pé e, depois, para cima, no dedo (Maraffi, 2008).

A programação de rotinas, de maneira geral, envolve os recursos que podem ser utilizados nos diversos *softwares* de modelagem e de animação de três dimensões com o objetivo de automatizar etapas que são repetidas.

SÍNTESE

A modelagem em três dimensões e a aplicação de *rigging* acontecem em um ambiente em 3D, cujas posições são indicadas com valores nos eixos X, Y e Z. Assim, os controladores são criados para permanecer com os valores dos três eixos zerados, sendo capazes de posicionar uma modelagem 3D em sua posição de origem sempre que for necessário. Isso facilita o trabalho dos profissionais que executam a animação, pois minimiza a possibilidade de que cometam erros ao mover e ao utilizar os controladores.

Depois que os controladores forem finalizados, os animadores e/ou o diretor de arte do projeto devem verificar se cada deformação está de acordo com o que era esperado, pois somente assim o *rig* pode ser considerado finalizado.

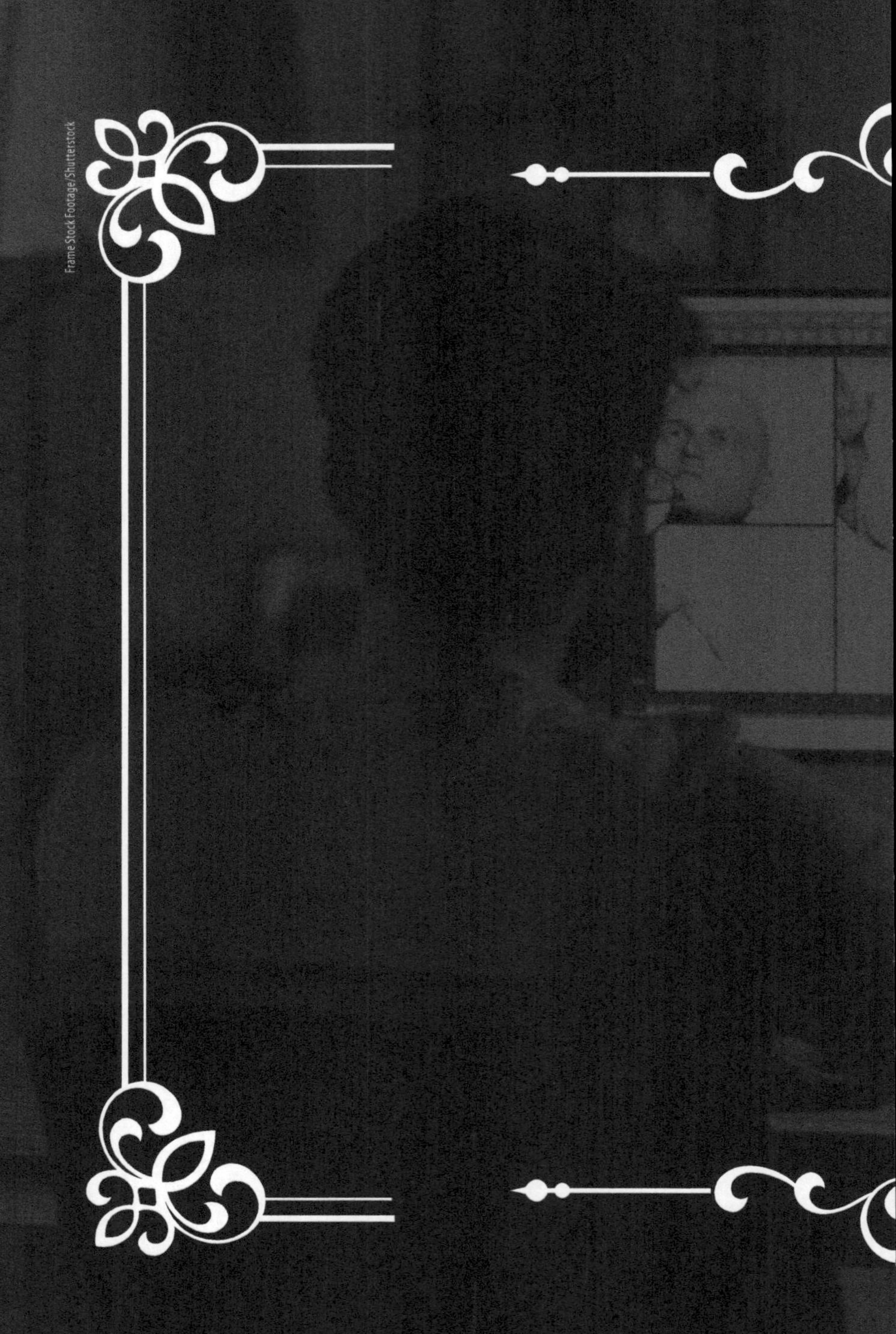

Frame Stock Footage/Shutterstock

CAPÍTULO 6

PROCESSOS DE DEFORMAÇÃO DE MALHA

Neste capítulo, analisaremos os processos de deformação de malha, as *shape Keys*, o uso de elementos de ancoragem, as *constraints* (restrições) e as caixas deformadoras. Evidenciaremos, também, exemplos práticos de alguns *softwares* que trabalham com *rigging*.

6.1 Shape keys

Shape keys, morph keys e *blend keys* têm a função de permitir a criação de uma biblioteca de edições pontuais e de variações em partes da malha do personagem. Cada *shape key* gerada guarda uma variação da modelagem do personagem criado pelo animador, permitindo os mesmos movimentos de um *stop motion*. Por exemplo, um movimento de bocejo pode ser criado pela interpolação de duas *shape keys*, sendo uma para a boca fechada e outra para a boca aberta.

Shape keys podem ser ideias para simular as contrações musculares e para permitir correções pontuais e ênfases nos movimentos gerados. Devem ser criadas para os *edge loops* das regiões mais acentuadas do movimento muscular, simulando inchaços e corrigindo e sofisticando o comportamento da malha. É possível, por exemplo, introduzir veias saltando em personagem musculosos e exagerar expressões.

Morph é como essa função é denominada no *software* 3D Max e se trata de uma técnica de animação semelhante à interpolação na animação 2D, em que um objeto *morph* combina dois ou mais objetos, interpolando os vértices do primeiro objeto para coincidir com as posições dos vértices de outro objeto. O resultado é uma animação de metamorfose. Para ativar esse recurso no *software* *3D Max*, é necessário selecionar o objeto e, depois, executar os seguintes procedimentos:

- painel criar;
- geometria;
- objetos compostos;
- tipo de objeto;
- *morph*.

Utilizando o menu *alt* para executar esse mesmo procedimento, é preciso selecionar um objeto, depois definir a opção "objetos de menu", em seguida, escolher a opção *compound objects* e, por último, *morph*. O objeto original é conhecido como *semente* ou *base de objeto*, e o objeto em que a semente se transforma é conhecido como *objeto de destino*. Uma semente pode ser transformada em vários alvos. Pelo fato de a forma do objeto semente mudar, sucessivamente, para coincidir com as formas dos objetos de destino conforme a animação for reproduzida, os objetos de origem e de destino devem atender às condições descriminadas a seguir antes de uma metamorfose ser criada:

- ambos os objetos devem ser objetos de malha, *patch* ou *poli*;
- ambos os objetos devem ter um número igual de vértices.

Caso essas condições não se apliquem, o botão *morph* não estará disponível. É importante salientar esse fundamento, pois existem várias situações em que o animador tem dificuldades de aplicar o recurso em virtude de os objetos não atenderem a essas condições. É possível usar quaisquer tipos de objetos como um alvo de metamorfose, incluindo um objeto animado ou outro objeto de metamorfose, desde que o alvo seja uma malha que tenha o mesmo número de vértices que o objeto original.

A criação de uma transformação envolve as etapas que serão apresentadas as seguir. Logicamente, em primeiro lugar, é necessário modelar o objeto base e os objetos de destino com o objeto base selecionado. No *software* 3D Max, execute os procedimentos a seguir:

- clicar no painel *create*;
- *geometry*;
- *compound objects*;
- *morph*;
- adicionar os objetos de destino;
- animar.

A geometria *morph* deve ser configurada e é importante certificar-se de que os objetos que deseja usar como semente e como destino tenham o mesmo número de vértices. Por exemplo, ao criar objetos *loft* para usar como sementes e como alvos de metamorfose, verifique se a opção *morph capping* está ativada e se as opções *adaptive path steps* e *optimize* estão desativadas. Também é necessário desativar as opções *adaptive* e *optimize* para outros objetos baseados na forma como será usada com *morph*, como aqueles com modificadores *extrude* ou *lathe*. O objeto selecionado é convertido, permanentemente, em um objeto de metamorfose. O botão "modificar" indica se devemos prosseguir ou não com a seleção de um objeto de destino. A única maneira de restaurar o objeto original é desfazer o clique do *morph*. Existem dois meios de configurar animações de metamorfose:

1. o objeto composto *morph*;
2. o modificador *morpher*.

O modificador *morpher* é mais flexível e pode ser adicionado várias vezes em qualquer lugar da exibição da pilha de modificadores de um objeto, flexibilidade que permite animar o objeto base ou os alvos de metamorfose. Antes de ser alcançado – por exemplo, com um modificador de ruído –, o modificador *morpher* funciona em conjunto com o material *morpher*. Esse é um modo bastante eficiente de transformar personagens.

O controlador *barycentric morph* pode ser mais simples de ser utilizado no *track view*. A exibição *track view* para *compound morph* tem apenas uma trilha de animação, independentemente do número de alvos. Cada tecla da trilha representa um resultado de metamorfose com base em uma porcentagem de todos os alvos. Para necessidades básicas de transformação, o *compound morph* pode ser preferível ao modificador *morpher*.

Por último, podemos adicionar o modificador *morpher* à pilha de um objeto *compound morf*. Veja, a seguir, um exemplo prático para criar uma metamorfose básica com o *software 3D Max*:

- no painel *create*, com *geometry* ativo, ative *patch grids*;
- no *rollout object type*, clique em *quad patch*;
- na janela de exibição *top*, clique e arraste para criar um *patch* no lado esquerdo da janela de exibição;

- clique, com o botão direito do *mouse*, na exibição da pilha de modificadores, no painel *modify*, e selecione *convert to editable patch* no menu *pop-up*;
- clique, com o botão direito do *mouse*, no *patch* e clique em mover, no quadrante transformar, no menu quadrante;
- na janela de exibição *top*, mantenha *shift* pressionado e arraste o *patch* para criar uma cópia do lado direito da janela de exibição;
- no painel *modify*, escolha a opção *selection* e vá para o nível de subobjeto *vertex*;
- na janela de exibição *front*, selecione e mova os vértices no *patch* selecionado para alterar sua forma;
- no painel *modify*, na exibição da pilha, clique em *editable patch* novamente, para retornar ao nível superior;
- selecione o *patch* original nas janelas de exibição;
- no painel criar, com geometria ativa, escolha objetos compostos na lista suspensa, no *object type*, e clique em *morph*;
- no *pick targets*, clique em *pick target*;
- nas janelas de exibição, clique no segundo objeto de *patch*; ambos os objetos de *patch* estão listados na lista *morph targets*;
- clique no painel modificar;
- *Morph* é exibido acima do *patch* editável na pilha de modificadores;
- mova o controle deslizante de tempo para o quadro 10, por exemplo;
- na lista *morph targets*, clique em *M_QuadPatch01*;
- no *current targets*, clique em *create morph key*;
- na barra de controle, uma chave é exibida no quadro 10;

- na barra de controle, clique com o botão direito na chave do quadro 10 e clique em *QuadPatch01: Morph* no menu;
- uma caixa de diálogo *key info* é exibida;
- na caixa de diálogo *key info*, selecione M_*QuadPatch01* na lista;
- na caixa de diálogo *key info*, arraste o botão giratório de porcentagem;
- o objeto base muda de forma;
- feche a caixa de diálogo *key info* e arraste o controle deslizante de tempo para frente e para trás.
- o *patch* muda sua forma.

Para selecionar os alvos para uma transformação, execute os seguintes procedimentos:

- selecione o objeto semente;
- no painel criar, com geometria ativa, escolha objetos compostos na lista suspensa;
- no *object type*, clique em *morph*;
- o nome do objeto semente é exibido no topo da lista *morph targets*, no *current targets*;
- no *pick targets*, escolha o método para criar destinos: *reference*, *move*, *copy* ou *instance*;
- clique em selecionar destino;
- selecione um ou mais objetos de destino nas janelas de exibição;
- conforme cada alvo for selecionado, seu nome será adicionado à lista *morph targets* – caso um objeto não possa ser um alvo, por exemplo, se tiver um número diferente de vértices

em relação à semente de metamorfose, não será permitida a sua seleção;
- caso seja selecionado um objeto alvo que não está no quadro 0, a criação do alvo também forjará uma chave de metamorfose – é possível criar chaves de metamorfose adicionais a partir de alvos já selecionados, conforme está descrito no procedimento a seguir.

Para criar chaves de metamorfose a partir de alvos existentes, basta seguir estes procedimentos:

- arraste o controle deslizante de tempo para o quadro, no local em que deseja colocar a chave de metamorfose – o botão *auto key* não precisa estar ativado para definir as chaves de metamorfose;
- destaque o nome de um objeto de destino na lista *morph targets*;
- o botão *create morph key* está disponível apenas quando um nome de objeto de destino é selecionado;
- clique em *create morph key*;
- o *software* 3D Max coloca uma chave de metamorfose no quadro ativo;
- para visualizar o efeito da transformação, arraste o controle deslizante de tempo para frente e para trás – é possível visualizar e editar as chaves de metamorfose no *track view*, que também permite que vejamos os parâmetros do objeto de destino da metamorfose.

É importante entender que, no *software* 3D Max, ao selecionar objetos de destino, cada destino é designado como referência, movimento de que é o próprio objeto, a própria cópia ou a própria instância. Dessa forma, indicamos basear a seleção no modo como deseja usar a geometria da cena, depois de criar a transformação. Escolha o alvo e use os botões para designar o objeto ou os objetos de destino como referência, copiar, mover, instância. O botão referência permite especificar como o destino será transferido para o objeto composto e pode ser transferido como uma referência, uma cópia e uma instância, podendo ser movido, caso em que a forma original não é deixada para trás.

> O botão copiar pode ser utilizado quando for necessário reutilizar a geometria de destino para outros fins na cena.
> O botão instância sincroniza a transformação com alterações animadas no objeto de destino original.
> Com o botão mover, é possível usar um objeto animado ou outra transformação como alvo de uma transformação.

No *software* 3D Max, há outras opções, como *morph targets*, que exibe uma lista dos alvos de metamorfose atuais. Essa lista mostra a opção nome do alvo *morph*. Esse campo é utilizado para alterar o nome do alvo de metamorfose selecionado na lista de alvos de metamorfose. Também é possível utilizar os recursos criar chave *morph*, que adiciona uma chave de metamorfose ao alvo selecionado no quadro atual, e excluir um alvo de *morph*, que elimina o alvo de metamorfose atualmente destacado. No último caso, se as chaves de metamorfose fizerem referência ao alvo excluído, essas chaves também serão excluídas.

6.2 **Elementos de ancoragem**

O uso de elementos de ancoragem facilita a animação dos personagens, com características humanas ou não. Alguns *softwares* dispõem de ferramentas específicas que permitem a criação automática de um personagem bípede, as quais agilizam o desenvolvimento da animação. Basta mover os pontos de ancoragem para as articulações adequadas, assim, são criados os controladores, a parentalidade e outros elementos fundamentais para a animação de um personagem.

O *software* 3D Max apresenta alguns recursos, como o de auxiliar âncora, que especificam um acionador – um clique, um toque na tela para reproduzir a cena – a ser utilizado em animações para jogos. Esse gatilho será vinculado a um objeto existente na cena, permitindo a adição de *links* em projetos *web*, por exemplo, para outras páginas HTML. Para utilizar essa funcionalidade, denominada VRML97, no *software* 3D Max, basta seguir estes procedimentos:

- criar painel;
- *helpers*;
- VRML97;
- *object type*;
- botão *anchor*.

Ainda, no menu de objetos, podemos selecionar a opção mais ajuda e, depois, âncora. Os procedimentos para configurar uma âncora – para saltar para outro mundo VRML, por exemplo – estão elencados a seguir:

- adicione um objeto auxiliar *anchor*, clicando no botão *anchor* e arrastando-o na janela de exibição *top* para criar seu ícone;
- escolha um objeto *trigger* na cena, que será o objeto em que o visualizador clicará enquanto navega;
- selecione *hyperlink jump* e designe uma URL para a qual saltar;
- ao clicar na geometria do objeto *trigger*, o navegador substituirá a cena atual pela URL designada.

A opção *anchor* contém as opções de escolha do objeto acionador. Para especificar a geometria que será o gatilho dessa âncora, clique nesse botão e selecione a geometria. Isso permite inserir uma descrição de texto, a qual aparecerá na barra de *status* do navegador quando o *mouse* estiver sobre um objeto que tenha uma ação âncora definida.

Já a opção *hyperlink jump group*, na função específica de *hyperlink jump*, cria uma âncora que salta para uma URL. A opção que recebe o nome de URL especifica a localização do *hyperlink jump*, podendo usar uma lista de favoritos ou inserir um local manualmente. Caso a URL aponte para outro mundo VRML97 (a . WRL arquivo), pode-se acrescentar #CameraName ao fim da URL.

A opção denominada *parâmetro* permite especificar parâmetros adicionais do navegador para o salto do *hiperlink*, e a opção favoritos seleciona um local de URL em uma lista de favoritos. Basta clicar em importar lista para importar a lista de favoritos definida no navegador. Também é possível inserir novas URLs na lista manualmente.

A opção grupo de câmeras tem diversas configurações, como a de definir câmera, que cria uma âncora que salta para determinada câmera no mundo VRML97 atual. Recomendamos conhecer os recursos denominados *keyframing tools*, que conta com as opções apresentadas a seguir:

- Habilitar *subanims* – habilita *subanims biped*.
- Manipular *subanims* – modifica *subanims biped*.
- Limpar trilhas selecionadas – remove todas as chaves e todas as restrições dos objetos e de trilhas selecionadas.
- Limpar toda a animação – remove todas as chaves e todas as restrições do bípede.
- *Flyout* espelho e espelho no local – oferecem duas opções, e ambas espelham a animação localmente, de modo que o lado direito do bípede, por exemplo, execute as ações do lado esquerdo executa e vice-versa. Além disso, se o *spline* se inclinou para a esquerda, será inclinado para a direita. Isso se aplica ao pescoço, à pélvis, à cabeça e assim por diante. A opção espelho reflete inverte a posição do bípede em 180 graus, para que fique voltado para a direção oposta. Já a opção *mirror in place* reflete a animação localmente, mas no quadro inicial mantém a posição do espaço-mundo e a orientação do bípede, que continua voltado para a mesma direção.
- Definir várias chaves – permite selecionar as chaves usando filtros ou aplicar um incremento rotacional às chaves selecionadas. Pode ser utilizada para alterar as teclas de movimento periódico no *track view*.

- Definir modo pais – quando uma chave de membro é criada, as chaves também são criadas para os objetos pais, desde que o modo definir pais esteja ativado. É recomendado usar o modo definir pais ao ativar as trilhas FK separadas. O modo definir pais armazena a posição de todo o membro quando um membro bípede é movido por cinemática inversa, em vez de ser girado por cinemática direta. Por exemplo, se o modo definir pais estiver desativado e se as trilhas separadas estiverem ativadas para os braços bípedes, o braço voltará à posição original, caso a mão bípede seja transformada.
- Mostrar tudo na vista de trilha – apresenta todas as curvas para as opções no *keyframing*, na visualização da trilha.

Caso as trilhas separadas estejam ativadas para uma parte do corpo de um bípede, ative o modo definir pais, pois isso permite usar a transformação mover para posicionar os membros bípedes. É importante salientar que *separate tracks* adiciona trilhas de transformação de objeto bípede. O *keyframing tools* tem recursos específicos para ancoragem – por exemplo, do braço direito, do braço esquerdo, da perna direita, da perna esquerda –, fixando, temporariamente, a localização e a orientação das mãos e dos pés.

O uso de âncoras é indicado para o momento de configurar uma animação com espaço de objeto de cinemática inversa em que um braço ou uma perna segue um objeto na cena. As âncoras garantem que o braço ou a perna mantenham seu alinhamento, até que seja definida a segunda chave, a qual estabelecerá a sequência do espaço do objeto. Uma alternativa às âncoras é usar *set planted key*: com a opção definir chave plantada, o membro é posicionado na chave IK anterior, unir à chave IK anterior.

No uso de elementos de ancoragem, no 3D Max, é importante conhecer os recursos do grupo FK *tracks*:

- *Character studio* – armazena as informações do *rigging* (dedo, mão, antebraço e braço na trilha da clavícula) (Pinheiro, 2014).
- Chaves do dedo do pé, pé e panturrilha – são armazenadas no trilho da coxa.

Essa abordagem otimizada para armazenamento de chaves funciona bem na maioria das situações. Caso se precise de faixas extras, basta ligar uma parte específica do corpo do bípede – por exemplo, ativas braços se estiver no planejamento de uma animação extensa entre os dedos. Se uma chave (*key*) do braço for excluída, isso não afetará as chaves das mãos. Veja um exemplo prático: devemos ativar o modo definir pais para que essas alternâncias tenham efeito em cada parte do personagem. Explicamos os detalhes a seguir:

- Braços – ative para criar trilhas de transformação separadas para o dedo, para a mão, para o antebraço e para a parte superior do braço. Por padrão, há uma trilha de dedo por mão. Todas as chaves são armazenadas na trilha de transformação do *Finger 0*, o primeiro elo do polegar bípede.
- Pescoço – ative para criar trilhas de transformação separadas para os *links* do braço.
- Pernas – ative para criar faixas separadas de transformação de dedos, de pés e de panturrilhas.

- Dedos – ative para criar trilhas de transformação separadas para os dedos.
- Coluna – ligue para criar faixas separadas de transformação da coluna.
- Dedos do pé – ative para criar faixas de transformação separadas para os dedos dos pés.
- *Ponytail* 1 – ative para criar faixas de transformação de *ponytail* 1 separadas.
- *Ponytail* 2 – ative para criar faixas de transformação de ponytail 2 separadas.
- *Xtras* – ligue para criar faixas separadas para uma cauda extra.
- Lista suspensa – use essa lista para escolher a cauda extra específica para a qual está criando faixas.
- *Bend* horizontal – gira as chaves selecionadas horizontalmente em torno de seu eixo superior.

Caso o bípede use passos de ancoragem das pernas, os pés seguirão esses passos ou usarão ancoragem originais, independentemente da trajetória alterada. Caso o bípede use dados de captura de movimento, o *bend* horizontal funcionará, mas poderá fazer os pés deslizarem. Esse controle é mais eficaz durante a animação de modo livre, quando o bípede está no ar ou nadando.

Continuando com o exemplo, um bípede pode interagir com outros objetos. Na cena do 3D Max, *links* entre objetos geralmente são estáticos, a menos que estejam usando o controlador *link*. No estúdio de personagem, esses anexos também são "animáveis": durante o curso de uma animação, as ligações entre as mãos, os pés e os objetos na cena podem mudar conforme o personagem fizer interações. Esse recurso é recomendado para a criação de movimentos de maneira livre, sem passos e sem gravidade, que requerem que os pés ou as mãos sejam plantados com IK e soltos em seguida. Alguns exemplos disso são subir em uma escada, andar de bicicleta e remar em um barco. Também pode ser utilizado para movimentos que envolvem a manipulação temporária de objetos, como quicar ou chutar uma bola, abrir uma porta e tocar outro bípede.

Um objeto ao qual uma mão ou um pé pode ser anexado é chamado de *objeto IK*, e um exemplo prático de aplicação desse recurso de ancoragem é o de uma animação para fazer uma mão ou um pé seguir um objeto. Para executar essa animação no *software* 3D Max, basta seguir estes procedimentos:

- Criar o objeto para a mão ou o pé seguir.
- Selecionar a mão ou o pé do bípede. Qualquer parte do braço do bípede pode ser escolhida para definir as ancoragens para a mão, e qualquer parte da perna, para definir as ancoragens do pé.
- No *key info*, expanda o divisor IK para ver a seção IK.
- Clicar em definir chave.
- Depois que uma chave for definida, o valor IK *blend* e outros parâmetros IK se tornam disponíveis.
- Clique em selecionar objeto IK e escolha o objeto a ser seguido pela mão ou pelo pé.
- O nome do objeto aparece no campo abaixo dos botões de opção corpo e objeto.

- Os quadros em que a mão ou o pé começaram a seguir o objeto devem receber uma chave K *blend* como 1.0. Escolha a opção objeto no *key info*. Você também pode clicar em definir tecla deslizante para escolher todos esses parâmetros de uma vez. Caso o espaço do objeto esteja ativado sem nenhum objeto IK especificado, as restrições IK estarão no espaço do mundo. Com efeito, a mão ou o pé ficará preso ao mundo e não se moverá durante o tempo em que essa chave estiver definida.
- Defina uma chave quando quiser que o anexo comece e uma segunda chave quando quiser que o anexo pare. Esse procedimento define um intervalo de espaço do objeto e a duração de um anexo temporário.
- No quadro que estabelece o fim de um intervalo de anexo, defina IK *blend* como 1.0. Escolha a opção *object* e ative *join to prev ik key*. Você também pode clicar em definir chave plantada para determinar todos esses parâmetros de uma vez.
- Na opção de quadros, caso não queira que a mão ou o pé siga o objeto, defina uma chave IK Blend como 0.0 e escolha a opção corpo. Você também pode clicar em definir chave livre para determinar todos esses parâmetros de uma vez.

Você pode usar a ancoragem para olhar, temporariamente, para um ponto específico do espaço enquanto anima anexos IK. Para executar esses procedimentos, é preciso mover e girar a mão ou o pé na postura desejada. No *keyframing tools*, clique no botão referente ao membro que deseja ancorar:

- *Anchor right arm;*
- *Anchor left arm;*
- *Anchor right leg;*
- *Anchor left leg.*

O braço ou perna selecionado de antemão não precisa ser igual ao braço ou perna ancorando. Depois, é importante definir as chaves para o braço ou a perna, conforme está descrito no procedimento anterior. Você também pode usar âncoras para manter um pé ou uma mão em posição enquanto renderiza a animação. No entanto, deve saber que as âncoras são desativadas quando o arquivo 3D Max é fechado. Caso queira usar âncoras de uma sessão na próxima, você deverá ativá-las novamente quando reabrir o arquivo.

6.3 As *constraints*

As *constraints* (em português, "restrições") permitem restringir a posição, a orientação e a escala de um objeto a outros objetos. Além disso, com restrições, é possível impor limites específicos aos objetos e automatizar os processos de animação. Por exemplo, caso deseje animar, rapidamente, um trenó que desliza por uma colina acidentada, você pode usar uma restrição de geometria para restringir o trenó à superfície. Depois, pode usar uma restrição normal para fazer o trenó assentar-se na superfície. Se utilizar o *software* Maya para criar essas restrições, basta digitar as posições do trenó no topo e na base da colina, por exemplo, e a animação estará concluída.

O Maya inclui várias restrições para configuração e para animação de personagens, que são destacadas a seguir (Guindon, 2012):

- restrições de pontos;
- restrições de mira;
- orientar as restrições;
- restrições de escala;
- restrições dos pais;
- restrições de geometria;
- restrições normais;
- restrições tangentes;
- restrições de ponto em *poly*;
- restrições de ponto mais próximo;
- restrições de vetor de polo.

> Outros *softwares* usam o termo "controlador de animação" para se referir ao que o *Maya* chama de *constraints*.

Vários parâmetros devem ser conhecidos, tais como o comportamento do nó de restrição (Palamar, 2014). Não precisamos, necessariamente, saber qual é o comportamento do nó de restrição para usar as restrições de maneira eficaz, mas a familiaridade com o comportamento desse nó pode fornecer mais controle sobre a manipulação e sobre o desempenho das restrições. Para cada objeto em cena, se houver qualquer alteração em um nó de sua história, como de entrada ou de saída, o *Maya* os avaliará e atualizará a exibição com base nos atributos de comportamento do nó. Os atributos de comportamento de nó para nós de restrição podem afetar o modo como os efeitos de restrição são avaliados e exibidos. Devemos conhecer, também, o objeto restrito e o objeto-alvo. Um objeto restrito é conduzido pela localização da superfície mais próxima, pela direção de um vetor de destino ou pela posição de um ou mais objetos de destino, e essa posição é chamada de *ponto-alvo*. A orientação de um ou de mais objetos-alvo é chamada de *orientação-alvo*, assim, o ponto-alvo é o ponto de destino, a posição do pivô de rotação do objeto de destino. Caso haja mais de um objeto de destino, o ponto de destino será a posição média dos pivôs de rotação de todos os objetos de destino. Se estiver usando mais de um objeto de destino, você pode variar a influência de cada objeto de destino no cálculo do ponto de destino.

O ponto-alvo pode ser uma média ponderada das posições dos objetos-alvo, com alguns tendo mais influência do que outros, sendo essa influência dos objetos de destino, na média ponderada, especificada pelos pesos dos objetos de destino. É possível alterar o ponto-alvo movendo o pivô de rotação de cada objeto-alvo.

A orientação do alvo é outro parâmetro importante de restrição, trata-se da orientação dos atributos *rotate* X , Y e Z do objeto-alvo. Se houver mais de um objeto-alvo, a orientação do alvo será a orientação média de todos os objetos-alvo. No entanto, se usar mais de um objeto de destino, pode acontecer uma variação na influência de cada objeto de destino sobre o cálculo da orientação do destino.

Já a escala de destino é a escala dos atributos de escala X , Y e Z do objeto de destino. Se houver mais de um objeto de destino, a escala de destino será a média de todos os objetos de destino. No entanto, se usar mais de um objeto de destino, a influência de cada um sobre o cálculo da escala de destino pode variar.

A escala do alvo pode ser uma média ponderada das escalas dos objetos-alvo, com alguns tendo mais influência do que outros. A influência dos objetos de destino, na média ponderada, é especificada pelos pesos desses objetos.

Sobre as *constraints*, é importante, ainda, conhecer o vetor-alvo, vetor de destino ou vetor de média ponderada. Esse conceito representa o vetor normal na posição do objeto restrito. O Maya calcula o vetor-alvo como uma média ponderada dos vetores normais próximos na superfície ou malha. Os pesos do objeto-alvo estão relacionados, de modo que, para cada objeto de destino, seja possível especificar um peso de objeto de destino que controle a influência desse objeto em diversos parâmetros:

- cálculo do ponto de destino;
- orientação;
- escala;
- vetor.

A média ponderada resultante determina a posição, a orientação e outras características do objeto restrito. Quando o peso de um objeto-alvo for 0, por exemplo, o alvo não terá influência sobre o objeto restrito. No entanto, quando o peso do objeto alvo for 1, o alvo terá total influência sobre o objeto restrito.

Os pesos de restrição são úteis apenas quando há vários objetos de destino. Na situação em que há apenas um objeto-alvo, qualquer peso maior do que 0 é interpretado como 1. Portanto, o alvo único é interpretado como tendo 100% de influência sobre o objeto restrito.

Já a posição do objeto restrito é determinada pelo ponto de destino, mas é possível deslocar a posição do objeto restrito do ponto de destino. Deslocar a posição do objeto restrito do ponto de destino pode ser útil em situações em que não se deseje que o eixo local do objeto restrito coincida com o ponto de destino. Por exemplo, se quiser restringir uma bola a uma junta na mão de um personagem, para que a mão segure a bola, é necessário apenas deslocar a bola da junta.

> A orientação do objeto restrito é determinada pela orientação do destino; por sua vez, a escala do objeto restrito é determinada pela escala de destino.

A criação de *constraints* pode ser tão simples quanto selecionar os objetos que queremos restringir. Para isso, basta seguir estas etapas:

- selecionar o objeto que desejamos restringir;
- selecionar a restrição apropriada no menu restrição.

Usar restrições pode tornar-se mais complicado à medida que você for além das opções padronizadas de restrições. Algumas restrições bloqueiam certos canais de objetos restritos, por exemplo, a restrição de objetivo bloqueia os canais de orientação do objeto que restringe. Os canais bloqueados são determinados por você.

Como é possível usar mais de uma restrição em um objeto, é possível usar mais de uma restrição de objetivo, de uma restrição normal e de uma restrição tangente. Cada uma dessas restrições bloqueia os canais de orientação de um objeto restrito.

Atributos bloqueados por restrições também podem impedir o uso de expressões. Caso aqueles estejam juntos, poderão impedir que o esqueleto retorne à sua posição de ligação. De maneira geral, as *constraints* são uma forma de anexar um objeto a outro, porém com mais flexibilidade do que acontece com as hierarquias. As restrições podem ser usadas para afetar apenas certos canais ou atributos, podendo configurá-los para acometer apenas a rotação escala, X, Y e Z e quaisquer combinações.

Considerando que um objeto pode ou não ser pai, as restrições têm um atributo denominado *peso*, o qual permite que sejam desativadas, sendo possível selecionar o *driver*, em seguida, o objeto dirigido em vez do filho e, depois, o pai. As restrições substituem as hierarquias. Os objetos dirigidos podem ter mais de um objeto *driver*. Como objetos filhos não podem ter mais de um pai direto, os objetos dirigidos, de maneira geral, não podem ser animados livremente.

É importante reiterar as diferenças entre *parenting* e *constraining*. Com a paternidade, é possível selecionar um objeto filho e, em seguida, o objeto pai, e pressionar P para inseri-los na hierarquia. Há a possibilidade de configurar conexões com nós especiais que podem ser ligados e desligados, os quais substituem as hierarquias. Observe, também, que a própria restrição do pai ainda é apenas uma restrição que imita uma hierarquia.

Utilizando o *software* Maya para configurar uma restrição, devemos ter a certeza de que está no menu do módulo *animation*. Para isso, temos de pressionar F2 no teclado e, então, ir ao submenu *constrain*, no lado direito. As principais configurações desse menu são as seguintes:

- Ponto – restringe os atributos de translação dos objetos dirigidos;
- *Aim* – permite que o objeto dirigido "olhe" para o objeto condutor;
- Orientar – controla os atributos de rotação do restringido;
- Escala –controla os atributos de escala do restringido;
- Pai – imita, diretamente, uma relação pai-filho, como translação e rotação.

Continuando na caixa de opção menu *point constraint*, existem vários outros parâmetros de configuração:

- *Maintain offset is just how it sounds* – se houver deslocamento entre dois objetos, isso é preservado quando a restrição for adicionada. Por padrão, é uma opção que fica desmarcada. Contém três caixas para especificar o deslocamento manualmente, e, se desejarmos que a posição do objeto permaneça a mesma, devemos marcar essa opção.
- Camada de animação – no primeiro momento, pode manter os padrões de configuração.
- Eixo de restrição – permite restringir todos os três eixos. Essa é uma das diferenças em relação às hierarquias.
- Peso – permite controlar a influência da restrição e também "desligar" a restrição. Por exemplo, se o seu *ChildSphere_01* ainda não tiver pai, selecione *ParentSphere_01*, *shift-Select ChildSphere_01* e clique em aplicar ou adicionar na

janela de opções. Para a restrição de ponto, é possível mover o *ParentSphere_01*, e o *ChildSphere_01* seguirá sua translação.

A restrição é adicionada de várias maneiras, sendo uma delas o modo *wireframe*, em que o objeto restringido no *software* Maya aparece com uma cor rosada quando o *driver* é selecionado. No Maya, é possível configurar outras restrições com essas mesmas opções. Para os profissionais iniciantes, é importante executar vários testes para entender melhor esse procedimento. Ao tentar marcar, desmarcar e manter o deslocamento para cada restrição, o profissional entenderá as diferenças entre esses elementos.

Nos testes das *constraints*, é possível perceber que o ponto e a orientação controlam a translação e a rotação, ainda assim, o pai parece fazer isso também. Entretanto, a principal diferença é que o ponto de pivô de rotação do objeto dirigido em um pai restrição está no ponto pivô do objeto *driver*. Enquanto são configurados um ponto e a função orientar no objeto dirigido, este giraria a partir de seu próprio ponto de pivô, assim, dependendo do objetivo, podemos adicionar ou um combo ponto + orientação ou apenas um pai.

Outra diferença entre paternidade e restrição está nas substituições de restrição. Para isso, basta selecionar o nó de restrição de ponto da esfera dirigida no *outliner*, excluí-lo, criar outra forma primitiva de esfera e, depois, renomeá-la como *ParentSphere_02*. Por exemplo, o pai *ChildSphere_01*, sob a nova esfera pai, *ParentSphere_02*, controla atributos de *ChildSphere_01*. Em seguida, a restrição *ChildSphere_01* para *ParentSphere_01* deve ser apontada.

É importante entender esses conceitos. Certifique-se de conhecer a importância dos nós, que podem ter qualquer número de conexões com outros nós. Essas conexões são, essencialmente, para alimentar dados de um nó com outro. A importância está no fato de que, toda vez que for adicionada uma restrição, o nó da restrição alimentará dados do nó de translação. Por isso, os canais apropriados aparecem em azul no *software* Maya, para representar conexões de entrada; já no *software* 3D Max, as restrições de animação são um tipo especial de controlador que pode ajudar a automatizar o processo de animação e que pode ser usado para controlar as mesmas variáveis do *software* Maya: posição, rotação e escala.

Uma restrição requer um objeto animado e, pelo menos, um objeto de destino. O destino impõe limites de animação específicos ao objeto restrito, por exemplo, para animar rapidamente um avião em um caminho predefinido, podemos usar uma restrição de caminho para restringir o movimento do avião a um *spline*.

Podemos usar a animação de quadro-chave para alternar a relação de vinculação da restrição com seus destinos durante um período de tempo. Os usos comuns para restrições incluem:

- vincular um objeto a outro durante um período – por exemplo, a mão de um personagem pegando um taco de beisebol;
- unir a posição ou a rotação de um objeto a um ou a vários objetos;
- manter a posição de um objeto entre dois ou mais objetos;
- restringir um objeto no decorrer de um caminho ou entre vários caminhos;

- restringir um objeto a uma superfície;
- fazer um objeto apontar para outro objeto;
- manter a orientação de um objeto em relação a outro.

No *software* 3D Max, é possível usar a vista esquemática para observar todas as relações de restrição em uma cena. Outro exemplo é usar restrições com ossos, as quais podem ser aplicadas aos *bones*, desde que um controlador IK não esteja controlando-os. Caso os ossos tenham um controlador IK atribuído, só é possível restringir a raiz da hierarquia ou cadeia. De maneira geral, existem vários parâmetros, como a restrição de anexo, em que a restrição de posição anexa a posição de um objeto a uma face de outro objeto. O objeto de destino não precisa ser uma malha, mas deve ser conversível em uma malha.

A restrição de *link* faz com que um objeto herde a posição, a rotação e a escala de seu objeto de destino. Na verdade, permite animar uma relação hierárquica, de modo que o movimento de um objeto ao qual a restrição *link* é aplicada possa ser controlado por diferentes objetos da cena.

A restrição *lookat* tem a função de controlar a orientação de um objeto, para que esteja sempre olhando para outro(s) objeto(s) e também de bloquear a rotação de um objeto, para que um de seus eixos aponte ou para o objeto de destino ou para a média ponderada das posições de destino. O eixo *lookat* aponta para o alvo, e o eixo *upnode* define qual eixo aponta para cima. Caso os dois coincidam, pode ocorrer um comportamento de inversão, o que é semelhante a apontar uma câmera de destino diretamente para cima.

A restrição que recebe o nome de *orientação* faz com que a orientação de um objeto siga a orientação de um objeto de destino ou a orientação média de vários objetos de destino. A restrição de caminho pode ser usada para restringir o movimento de um objeto ou ao longo de uma *spline* ou a uma distância média entre várias *splines*. Já a restrição de posição é utilizada para fazer com que um objeto siga a posição de um objeto de destino ou a posição média ponderada de vários objetos. Por fim, a restrição de superfície restringe um objeto à superfície de outro objeto. Seus controles incluem configurações de posição U e V e uma opção de alinhamento. O uso das *constraints* depende muito do *software* utilizado.

Apresentamos alguns exemplos práticos, mas é importante salientar que, conforme a atualização desses programas, alguns menus e etapas podem sofrer modificações, embora os fundamentos continuem os mesmos.

6.4 Caixas deformadoras

As caixas deformadoras e as deformações de forma livre (*free-form deformation*) são utilizadas, normalmente, para animações de elementos como tanques, carros, esculturas e cadeiras – ou seja, formas que tenham cantos arredondados. Para utilizar esse recurso no *software* 3D Max, siga estes procedimentos:

- painel modificar;
- executar uma seleção;

- lista de modificadores;
- modificadores de espaço de objeto;
- FFD caixa, para animações em formato de caixa;
- FFD cilindro, para animações com cantos arredondados.
- fazer uma seleção;
- menu modificadores;
- deformadores de forma livre;
- caixa FFD; ou
- cilindro FFD.

O modificador FFD circunda a geometria selecionada com uma caixa de retícula. Ajustando os pontos de controle da treliça, é possível deformar a geometria delimitada. Com o botão de chave automática ativado, conseguimos animar os pontos de retícula, assim a deformação de geometria possibilitará a criação de objetos com deformação de forma livre, com retícula em formato de cilindro e de caixa – os dois estão disponíveis como modificadores de objetos e como distorções espaciais. O ajuste da retícula de origem de um modificador de FFD é em relação à geometria, e essa retícula está atribuída na pilha das camadas, podendo, assim, ser uma seleção de subobjetos de faces ou vértices ou um objeto inteiro.

Na pilha modificadora do *3D Max*, existem várias opções, como a de pontos de controle, que seleciona e manipula pontos de controle da retícula, tanto em grupo quanto em conjunto, interferindo na forma do objeto próximo e permitindo utilizar métodos de transformação. Caso o botão de chave (*key*) automática esteja ativo, quando for executada a modificação dos pontos de controle, os pontos se tornarão animados. A retícula permite que sejam posicionados de várias maneiras. No caso da dimensão e da rotação da caixa de retícula separadamente da geometria, se o botão de chave (*key*) automática estiver ativo, a retícula ficará animada.

No momento em que uma *free-form deformation* for aplicada pela primeira vez, será adotada pela retícula padrão de uma caixa delimitadora, em volta da geometria. As ações de dimensão ou de mover a retícula podem ter o objetivo de que apenas um subconjunto de vértices fique dentro do volume. Esse procedimento permite aplicar uma deformação localizada. Na opção definir volume, os pontos de controle da retícula de deformação ficam verdes. No *software* 3D Max, podemos manipular e executar a seleção de pontos de controle, sem que isso altere o objeto modificado, ajustando a retícula de maneira mais precisa para objetos com formas irregulares.

A opção definir volume possibilita, exclusivamente, a definição do estado inicial da retícula. Caso um ponto de controle já esteja com o processo de animação ou, caso o botão animar esteja ativado, a opção definir volume funcionará como no nível de subobjeto de pontos de controle. Esse procedimento deforma o objeto à medida que os pontos são manipulados.

O processo de implementação de parâmetros de FFD apresenta a opção grupo de cotas. Esse recurso tem as funções de ajustar as dimensões de unidade do volume de origem e de especificar o número de pontos de controle na retícula. É importante observar que as dimensões de ponto também aparecem ao lado do nome do modificador na lista da pilha. No grupo de cotas, na opção definir número de pontos, é exibida uma caixa de diálogo que contém três controles giratórios, os quais podem ser identificados por meio do comprimento, da largura e da altura e dos botões o.k. e cancelar. Essas opções permitem especificar o número de pontos de controle na retícula. Ao executar esses procedimentos, devemos clicar em o.k. e efetuar as alterações.

É importante alterar as dimensões da retícula antes mesmo do ajuste das posições dos pontos de controle da retícula.

SÍNTESE

Neste último capítulo, concluímos o conteúdo que possibilita desenvolver um *rigging* – nem que seja um bastante simples. Destacamos que, em razão das atualizações dos *softwares*, algumas funções podem ser alteradas, mas os conceitos aqui apresentados são fundamentais para a criação de um *rigging*.

CONSIDERAÇÕES FINAIS

A animação é uma das linguagens visuais mais populares e difundidas nos dias de hoje. Seja no cinema, seja na *web* ou na televisão, diversas técnicas e estilos cativam plateias em todo o mundo. Como indústria, emprega milhares de profissionais entre técnicos, artistas e desenvolvedores.

Desde o fim do século XX a computação gráfica abraçou as técnicas de animação, tornando seus métodos digitais. As principais técnicas e processos hoje em dia são desenvolvidos com o auxílio de *softwares* especializados.

Várias das técnicas mais importantes do desenvolvimento da animação 3D se reúnem sob o termo *rigging*. O *rigging* é o desenvolvimento de mecanismos de manipulação e controle dos personagens digitais, que permite aos animadores desenvolver toda a cadeia de modificações que caracterizam o movimento dos personagens em uma animação.

Portanto, para entendermos todo o processo de *rigging*, abordamos uma definição mais aprofundada do processo de criação do *rig*, alguns recursos básicos, a influência da animação tradicional e do cinema no desenvolvimento das técnicas, aplicações e terminologias. Dissecamos a estrutura do *rig*, apresentando suas partes, seus detalhamentos e a lógica de construção do conjunto. Por último, tratamos da etapa de pose e como gerar modificações iniciais no modelo.

Na sequência, apresentamos como preparar um modelo digital 3D para convertê-lo em um objeto animado; o conceito de pele (*skin*); como configurar a ação do *rig* sobre a malha, sua deformidade e resistência; como controlar e diminuir deformações indesejáveis e distorções; o uso de grupos de vértices, ajustes de influência e cuidados com texturas e detalhamento.

Ainda, desenvolvemos o esqueleto digital, sua configuração e suas particularidades. Dedicamo-nos à construção de um *rig* padrão para personagens humanoides e ao desenvolvimento de ciclos de animação.

Aprofundamos hierarquias, *parenting* e interconectividade entre as partes e conexões do *rig*, o desenvolvimento de um sistema mecânico funcional, automação e implementação de ciclos de animação importados.

Drives e controladores de animação, o uso de expressões e a programação de rotinas também foram contemplados nesta obra.

Por fim, evidenciamos processos de deformação de malha, *shape keys*, o uso de elementos de ancoragem, *constraints* e caixas deformadoras.

REFERÊNCIAS

ADVANCED SKELETON. **Animation Studios,** 2020. Disponível em: <https://sites.google.com/a/animationstudios.com.au/animationstudios-com-au/advancedskelet>. Acesso em: 18 nov. 2020.

ALLEN, E.; MURDOCK, K. L. **Body Language:** Advanced 3D Character Rigging. EUA: Sybex, 2008.

ALVES, W. P. **Modelagem e animação com Blender.** São Paulo: Érica, 2006.

AUTODESK MAYA. 2016. Disponível em: <help.autodesk.com/view/MAYAUL/2016/ENU//>. Acesso em: 14 ago. 2022.

BEANE, A. **3D Animation Essentials.** Indiana: John Wiley & Sons, 2012.

BLAIR, P. **Cartoon Animation.** Londres: Walter Foster Publishing, 1996.

BLENDER DOCUMENTATION TEAM. **Blender 2.9 Manual.** Disponível em: <https://docs.blender.org/manual/en/2.90/index.html>. Acesso em: 14 ago. 2022.

CHOPINE, A. **3D Art Essentials:** the Fundamentals of 3D Modeling, Texturing, and Animation. Oxford: Focal Press, 2011.

DALE, R. **Introduction to Character Animation.** Blender Summer of Documentation, 2006.

GUINDON, M. **Aprendendo Autodesk Maya 2010.** Rio de Janeiro: Ciência Moderna, 2012.

JONES, A. OLIFF, J. **Thinking Animation:** Bridging the Gap Between 2D and CG. Stamford: Thomson Course Technology, 2007.

LASSETER, J. Principles of Traditional Animation Applied to 3D Computer Animation. **SIGGRAPH** (Computer Graphics), Washington, v. 21, p. 35-44, 1987.

MAESTRI, G. **Digital Character Animation 3**. Berkeley: New Riders, 2006.

MARAFFI, C. **Maya Character Creation**. Indianapolis: New Riders, 2008.

MCDERMOTT, W. **The PBR Guide**: a Handbook for Physically Based Rendering. 3rd. Allegorithmic, 2018.

NASCIMENTO-JÚNIOR, B. J. **Anatomia humana sistemática básica**. Petrolina: UniVasf, 2020.

PALAMAR, T. **Mastering Autodesk Maya**. Hoboken: John Wiley & Sons, 2014.

PINHEIRO, D. **Introduction to Rigging**. [S. l.]: 3D total, 2014.

RAITT, B. MINTER, G. **Digital Sculpture Techniques**: How to Apply the Principles of Traditional Sculpture to Make Stunning 3D Characters. Los Angeles: Nichimen Graphics, 2000.

ROBERTS, S. **Character Animation in 3D**: Use Traditional Drawing Techniques to Produce Stunning CGI Animation. Oxford: Focal Press, 2004.

SCHERER, M. **ZBrush 4 Sculpting for Games**: Beginner's Guide. Birmingham: Packt Publishing, 2011.

THOMAS, F. JOHNSTON, O. **The Illusion of Life**: Disney Animation. Nova York: Disney, 1984.

WHITAKER, H.; HALAS, J.; SITO, T. **Timing for Animation**. 2. ed. [S. l.]: Focal Press, 2009.

SOBRE O AUTOR

Leandro da Conceição Cardoso é mestre em Tecnologias da Inteligência e Design Digital pela Pontifícia Universidade Católica de São Paulo (PUC-SP) e graduado em Comunicação Social com Habilitação em Design Digital. Foi docente no Centro Universitário FMU nos cursos de Design de Interiores, Artes Visuais e Fotografia e analista de desenvolvimento pedagógico sênior na Laureate EAD.

Atualmente, é professor da Faculdade de Tecnologia do Estado de São Paulo (Fatec) e do Centro Estadual de Educação Tecnológica (Etec) – Centro Paula Souza – nos cursos de Comunicação Visual, Design Gráfico, Marketing, Eventos, Desenvolvimento de Sistemas, Multimídia, Audiovisual, entre outros, além de coordenador dos cursos de Design Gráfico e Comunicação Visual. É um dos idealizadores da Maratona de Criação na ETEC Albert Einstein.

É conteudista, validador, revisor técnico e desenvolvedor de planos de ensino para graduação e pós-graduação de empresas que prestam serviços para diversos clientes, como Ânima Educacional, Centro Universitário Internacional Uninter, Universidade Positivo, Laureate EAD, Kroton, entre outras faculdades e universidades.

Foi diretor de arte e criação de empresas diversas e hoje atua também como consultor na área de design gráfico e digital e marketing digital.

Os papéis utilizados neste livro, certificados por instituições ambientais competentes, são recicláveis, provenientes de fontes renováveis e, portanto, um meio **responsável** e natural de informação e conhecimento.

FSC
www.fsc.org
MISTO
Papel produzido
a partir de
fontes responsáveis
FSC® C103535

*

Os livros direcionados ao campo do Design são diagramados com famílias tipográficas históricas. Neste volume foram utilizadas a **Sabon** – criada em 1967 pelo alemão Jan Tschichold sob encomenda de um grupo de impressores que queriam uma fonte padronizada para composição manual, linotipia e fotocomposição – e a **Myriad** – desenhada pelos americanos Robert Slimbach e Carol Twombly como uma fonte neutra e de uso geral para a Adobe.

Impressão: Reproset
Março/2023